Kathi Stimmer-
Salzeder

ZUR MITTE KOMMEN

Lebenslieder

Don Bosco

ZUR MITTE KOMMEN Lebenslieder 1993 - 2000

Texte und Melodien ***(soweit nicht anders angegeben):***
Kathi Stimmer-Salzeder

Photos: Matthias Salzeder (S. 52, 80, 123, 140, 226, 250, 272)
Kathi Stimmer-Salzeder (S.20, 103, 205)
P. Hans Altmann (S. 165)

Grafiken: Renate Diehl (S. 194), Katharina Salzeder (S.121)
alle weiteren: Kathi Stimmer-Salzeder

1. Auflage 2000 / ISBN 3–7698–1279–4

Herausgegeben im Don Bosco Verlag, München

Umschlag: Margret Russer, Kathi Stimmer-Salzeder,
Christiane Urban
Produktion: Druckerei Gebr. Bremberger, München

Vorwort

Das vorliegende Liederbuch von Kathi Stimmer-Salzeder ist eine Zusammenstellung ihrer Lieder aus den Jahren 1993 bis 2000.
Es sind Lieder einer Frau, die es versteht, Gefühle aufzugreifen, Lebensfragen zu benennen und dies alles in Beziehung zu Gott zu setzen.
Man spürt den lebendigen Glauben aus den Texten und Melodien, die diese Lieder besonders gut für den Einsatz in gottesdienstlichen Feiern verwendbar machen.

„Zur Mitte kommen" ist daher nicht nur Titel dieser Liedersammlung, sondern gleichsam Programm. Texte und Melodien wollen helfen, das Zentrum, die Mitte des Lebens zu erkennen und aus dem Glauben heraus zu deuten.

Sehr treffend charakterisiert ein ehemaliger Jugendseelsorger Kathi Stimmer-Salzeders Werk:
„Ich finde die Sammlung großartig und äußerst beeindruckend. Ich kann nur staunen über die Fülle Deiner Werke, über Deine Kreativität und auch die Tiefe in Deinen Texten! Gott hat Dich reich be-gabt und Du gibst es weiter." *(Pfarrer Michael Schlosser)*

Es bleibt nur zu wünschen übrig, dass viele diese Gabe annehmen und für sich erschließen. Denn ohne Zweifel gilt: „Mehr als Worte sagt ein Lied!"

Gedanken zu diesem Buch

1992 durfte ich mit dem Liederbuch „Lied der Hoffnung“ 3 eine Zusammenfassung aller meiner bis dahin erschienenen geistlichen Lieder auf den Weg schicken.
Seitdem sind nun so viele neue Lieder entstanden, dass dieser Band umfangreicher als der vorhergehende ist.
Er enthält wieder viele Lieder für den Gottesdienst, dazu Lieder für Kinder und thematische Lieder „für alle Lebenslagen“.
Ausschnitte aus zwei Singspielen „Blinder Bruder Bartimäus“ und „erdreich - himmelreich“ bilden den Anfang und den Schluss dieses Buches. Das Kapitel „Schatzsucher“ enthält eine weitere thematische Liedreihe zu den biblischen Erzählungen von Zachäus und Maria von Magdala.
Wenn ich aus der Vielzahl von Liedern eines nennen soll, das alles zusammenfasst und für den „Geist“ steht, aus dem sie gewachsen sind, so verweise ich auf das Lied „Du bist da“, das mit dem Titellied „Zur Mitte kommen“ das „Schlusslicht“ dieses Buches ist.

„Was wir Menschen oft nur ahnen,
wohin unsre Seele flieht,
das bist Du in Deiner Liebe,
die uns leise an sich zieht.

Du bist da, immer da,
manchmal fern und manchmal nah,
doch in allem und für jeden bist Du da.“

„Weil ich denke, sag ich DANKE“, heißt eines der Lieder, die für Kinder entstanden sind:

DANKE, meinem Mann Matthias für seine Unterstützung, für gute Fotos und sein Verständnis für meine Arbeit.

DANKE meinen Geschwistern und den Sängerinnen und Sängern, den Musikerinnen und Musikern in meinen Gruppen, die die neuen Lieder immer wieder mit mir erproben und zum Klingen bringen und auch prallgefüllte Übungsabende geduldig und „gut gestimmt“ durchhalten.

DANKE meinem Gitarrenpartner Stefan Starzer für viele gute Einfälle und bunte Bereicherungen zu meinen Liedern.

DANKE meinen Kindern Matthias, Johannes und Katharina, dass sie ihrer Mama so viel Zeit für die Musik zugestehen.

DANKE meinem Sohn Matthias für seine kompetente Hilfe bei computertechnischen Fragen.

DANKE meiner Freundin Anneliese, die mir in der Erarbeitungszeit dieses Liederbuchs viele Bürostunden geschenkt hat.

DANKE Volker Engel, der in das von ihm mitentwickelte Notensatzprogramm „toccata“ meinen eigenen, handgeschriebenen Notenschlüssel eingebaut hat, so dass die computergesetzten Lieder doch ein kleines persönliches Kennzeichen haben.

DANKE allen Leuten, die mir - bewusst oder unbewusst - Anregungen für Lieder gegeben haben und mir immer wieder Mut machen, weiter zu arbeiten.

DANKE dem Don Bosco Verlag, München, der dieses Liederbuch herausgibt und ihm damit eine weitere Verbreitung ermöglicht.

Und zuletzt DANKE, dass diese Lieder werden durften: Fragelieder, Antwortlieder, Trauerlieder und Freudelieder ...
Vielleicht dürfen diese Lieder manchem Lebenslieder sein und helfen, zur Mitte zu kommen.

Aschau a. Inn, Pfingsten 2000

Zur Akkordschreibweise:

Großbuchstaben bezeichnen den Dur-Akkord, Kleinbuchstaben den Moll-Akkord.
Bei zwei übereinanderstehenden Buchstaben steht der obere für den Akkord, der untere für den Basston.
Um die Spielbarkeit auf der Gitarre zu erleichtern, sind teilweise transponierte Fassungen für Kapodaster angefügt. Dabei bezeichnet der Buchstabe hinter dem Schrägstrich den Basston.

Eine weitere Hilfe für „abschreckende“ Akkorde, die aber meist gar nicht schwer spielbar sind, sind einige Gitarrengrifftabellen.

Sie kamen nach Jericho.
Als er mit seinen Jüngern und einer großen Menschenmenge Jericho wieder verließ, saß an der Straße ein blinder Bettler, Bartimäus, der Sohn des Timäus.
Sobald er hörte, dass es Jesus von Nazaret war, rief er laut: Sohn Davids, Jesus, hab Erbarmen mit mir!
Viele wurden ärgerlich und befahlen ihm zu schweigen.
Er aber schrie noch viel lauter: Sohn Davids, hab Erbarmen mit mir!
Jesus blieb stehen und sagte: Ruft ihn her!
Sie riefen den Blinden und sagten zu ihm : Hab nur Mut, steh auf, er ruft dich!
Da warf er den Mantel weg, sprang auf und lief auf Jesus zu.
Und Jesus fragte ihn: Was soll ich dir tun?
Der Blinde antwortete: Rabbuni, ich möchte wieder sehen können.
Da sagte Jesus zu ihm: Geh! Dein Glaube hat dir geholfen.
Im gleichen Augenblick konnte er wieder sehen, und er folgte Jesus auf seinem Weg.

Mk 10, 46 - 52

Das biblische Singspiel „Blinder Bruder Bartimäus" entstand im Frühjahr 2000 aus einem Bibelwochenende heraus. Mit dem Titel des Eröffnungsliedes „Wo hat das Leben sein Zuhaus'?" soll auch dieses Liederbuch „aufgemacht" werden.

„Bartimäus", Zeichnung nach einem Bild von Kees de Kort

Wo hat das Leben sein Zuhaus'?

1 Wo hat das Leben sein Zuhaus?

Kathi Stimmer-Salzeder 2000

2. Woher kommt all das viele Leid?
Warum der Hunger und der Neid?
Was macht uns finster, macht uns krank,
um wieviel Dinge gibt es Zank?

3. Warum ist Gutsein oft so schwer?
Und dann die Tage grau und leer...
Warum verstehn sich Menschen schlecht?
Und was ist falsch, und was ist recht?

4. Was hilft vergessen und verzeih'n?
Wird einmal wirklich Friede sein?
Gibt's jemand, der mich ganz fest mag,
und jemand, dem ich etwas trag'?

5. Woher wächst uns doch wieder Mut,
was tut uns manchmal richtig gut?
Ob Träume nicht 'was Waches sind,
durch das ich Kraft zum Leben find'?

6. Wo hat das Leben sein Zuhaus',
von wo geht unsre Freude aus?
Wie lassen wir Vergang'nes los?
Wie wird die Liebe in uns groß?

(Nach der 3. Strophe einen Ton höher in D-Dur)

Akkorde in D-Dur: D e7 A4 A D e7 A4 A h G D/Fis h e A7 D

2 Soviele Wege zu gehn

Kathi Stimmer-Salzeder 2000

2. Soviele Pläne zu schau'n,
   soviele Dinge zu bau'n.
   Hin und her, hin und her,
   immer mehr, immer mehr.
   Manchmal sehn ich mich so sehr nach Ruhe!

3. Soviele Zeichen, die stehn,
   als ob sie niemals vergehn,
   hin und her, hin und her.
   immer mehr, immer mehr.
   Manchmal sehn ich mich so sehr nach Frieden!

3 Die Welt ist dunkel

Kathi Stimmer-Salzeder 2000

Zwischenspielmotiv: Stefan Starzer

Bartimäus!?
Darf ich mich zu dir setzen? Nur ein wenig verweilen ...

Du strahlst so viel Ruhe auf, Bartimäus. Weißt du das?
So viel Gelassenheit. Das tut gut. Das tut mir gut.
Wie machst du das? Woher nimmst du die Kraft?
Du bist doch blind. Hast du keine Angst?
Angst, dass du deinen Weg nicht findest;
Angst, dass du in ein tiefes Loch fällst;
Angst, dass dich jemand an der Nase herumführt;
Angst, dass dich jemand betrügt und bestiehlt;
Angst, dass du niemandem auf der Welt vertrauen kannst;
Angst, dass du nicht mehr zu dir heimfindest.

Ich weiß, wovon ich rede.
Ich kenne die Angst, gerade die Angst eines Blinden.
Ich habe mit der Blindheit Bekanntschaft gemacht.
Mit meinen Augen kann ich zwar sehen,
aber mein Herz, mein Herz ist oft blind ...
Bartimäus? Darf ich dich Bruder nennen?
Bruder Bartimäus? ... Bartimäus, mein Bruder?

(Rainer Remmele / Sprechtext aus dem Singspiel "Blinder Bruder Bartimäus")

4 Da ist einer unterwegs

Kathi Stimmer-Salzeder 2000

2. Die Lahmen können gehn,
die Blinden wieder sehn,
Und die sonst keiner haben will,
er sucht sie zu verstehn.

3. Er wandert nicht allein.
Wie schön, sein Freund zu sein!
Er zeigt, wie Gott uns Menschen liebt,
uns, was wir brauchen, gibt!

5 Jetzt, grad jetzt

Kathi Stimmer-Salzeder 2000

2. Jetzt, grad jetzt, ein Licht zu spüren,
in dem Dunkel, das mich hält.
Jetzt, grad jetzt, kann mich berühren,
was mich neu ins Leben stellt.

Du bist hier, geh nicht vorbei an mir!
Ich seh' nicht, doch ich such' das Licht.

5a Jesus, du bist hier

Kathi Stimmer-Salzeder 2000

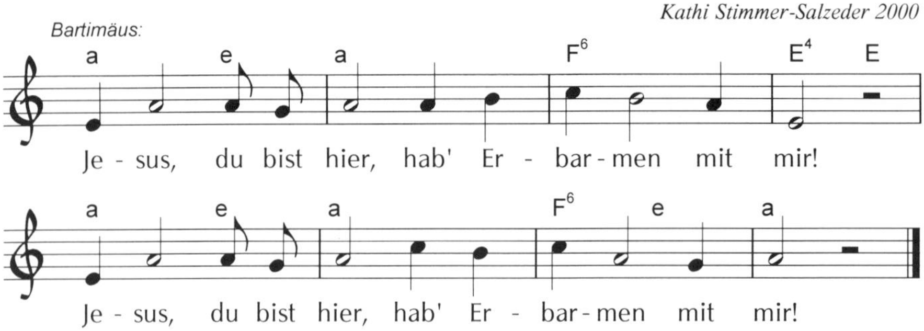

6 Komm her

Kathi Stimmer-Salzeder 2000

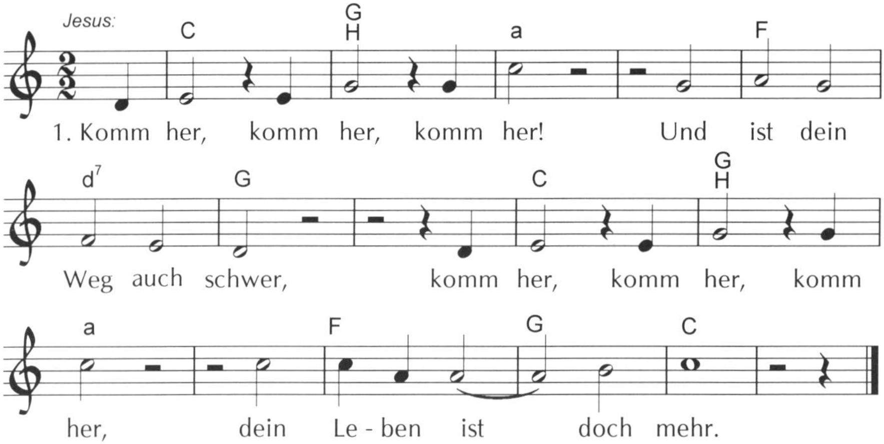

2. Komm her, komm her, komm her,
Fühlst du dich noch so leer,
komm her, komm her, komm her
und fürchte dich nicht mehr!

7 Rührst Du mich an

Kathi Stimmer-Salzeder 1999

3. Rührst Du mich an - bin ich dann
   schutzlos Dir aufgetan,
   leide und lerne daran?
   Rührst Du mich an...

4. Rührst Du mich an - bin ich dann
   leicht auch verwirrt und verletzt,
   so in Beziehung gesetzt?
   Rührst Du mich an...

5. Rührst Du mich an - bin ich dann
   mehr oder weniger Ich,
   lass ich mich ein auf Dich?
   Rührst Du mich an...

6. Rührst Du mich an - bin ich dann
   so wie ich immer schon war,
   oder wird Neues wahr?
   Rührst Du mich an...

Zwischenspiel nach je 2 Strophen

 LB 99

8 Willst du das?

Kathi Stimmer-Salzeder 2000

9 Komm, öffne die Augen

Kathi Stimmer-Salzeder 2000

10 Gott verwandelt leise

Kathi Stimmer-Salzeder 2000

2. Gott verwandelt leise, wo wir mit ihm gehn,
öffnet uns die Herzen, dass wir tiefer sehn.

3. Gott verwandelt leise, rührt behutsam an,
dass die Liebe wachsen und ihn finden kann.

4. Gott verwandelt leise, lässt zum Reifen Zeit
und in seiner Liebe wird das Leben weit.

Akkorde in D-Dur:
D A/Cis h A/Cis D D/Fis A D A/Cis h A/Cis D A7 D

11 Aufgetan

Kathi Stimmer-Salzeder 1994

2. Ich finde Dich in Licht und Dunkel,
in Dir erkenne ich mich selbst.

3. Ich staune, Gott, Du tust so Großes,
Du schenkst so reich, Du machst so froh.

4. Wie dank' ich Dir für Deine Liebe,
die Auferstehn und Leben ist.

12 Neue Schläuche für den neuen Wein

Kathi Stimmer-Salzeder 2000

auch in E-Dur: Capo 2. Bund

Zu Mk 2, 22: "Auch gießt niemand neuen Wein in alte Schläuche. Sonst wird der Wein die Schläuche zersprengen und der Wein geht zugrunde samt den Schläuchen. Sondern neuen Wein (gießt man) in neue Schläuche."

(Wein wurde zur Zeit Jesu in Tonkrügen oder Schläuchen aus Tierhaut aufbewahrt und zum Gären gebracht.)

Lebendiges Wort

13 Denn meine Stärke und mein Lied

Kathi Stimmer-Salzeder 1995

2. Nehmen, geben, Netze weben, oft verletzlich und fein.
Auf ein hohes Ziel hinstreben, Glaube setzt alles ein.

3. Liebe spüren, Wege führen, oft ein Drängen darin.
Immer wieder sich berühren, gehn, auf Gottes Wort hin.

nach Jes 12,2

14 Stell ein Licht an unsern Weg

Kathi Stimmer-Salzeder 1995

2. Stell' ein Licht an unsern Weg, dass wir sehn, wo wir gehn.
Gib uns einen freien Blick für das Leiden, für das Glück,
dafür, dass ein jeder webt an dem Netz, das alle trägt.
Stell' ein Licht an unsern Weg, dass wir sehn, wo wir gehn.

3. Stell' ein Licht an unsern Weg, dass wir sehn, wo wir gehn.
Sei Du unser weiter Mut, lass uns spüren, Du bist gut.
Lass Dich finden, sei uns nah, Du bist Gott, in allem da.
Stell' ein Licht an unsern Weg, dass wir sehn, wo wir gehn.

auf CD/MC "WIR MIT DIR" KS2

15 Mach dich auf

Kathi Stimmer-Salzeder 1997

2. Mach dich auf, denn Gott will dich gewinnen
für die Hoffnung neu an jedem Tag.
Mach dich auf mit allen deinen Sinnen,
Gott ist da, wo eins das andre mag.

3. Mach dich auf, denn Gott will auf dich bauen
seinen Frieden neu an jedem Tag.
Mach dich auf, verlass dich voll Vertrauen:
Gott ist da, wo eins das andre mag.

4. Mach dich auf, denn Gott will in dir leben
seine Freude neu an jedem Tag.
Mach dich auf, so darfst du fröhlich geben,
Gott ist da, wo eins das andre mag.

16 Komm Herr, komm wie der Morgen

Adventsruf

Kathi Stimmer-Salzeder 1998

Vor- u. Zwischenspiel

nach Zwischenspiel Ruf wiederholen

17 Auf, werde hell

Adventlicher (Halleluja)-Ruf

Kathi Stimmer-Salzeder 1997

nach Jesaja 60,1 / 35, 1 und 4

18 Weihnachtlicher Hallelujaruf

Kathi Stimmer-Salzeder 1997

19 Eine Hoffnung bricht auf

Kathi Stimmer-Salzeder 1999

Dieses Lied ist entstanden zum Evangelium nach Lukas 2, 22-32.
Es erzählt, wie Simeon das Kind Jesus im Tempel in Jerusalem findet, es in seiner Freude in die Arme nimmt und Gott dafür lobt und dankt.

20 Aus der Wurzel

Kathi Stimmer-Salzeder 1993

2. Aus der Wurzel wächst ein Reis, kommt zum Leben klein und leis',
wächst und wird zum starken Baum, baut der Liebe einen Raum.
Für die Wärme, die da teilt, für die Güte, die da heilt.
Aus der Wurzel wächst ein Reis, kommt zum Leben klein und leis',
kommt zum Leben klein und leis.

3. Aus der Wurzel wächst ein Glanz, gibt sich selber, gibt sich ganz,
wird zur Antwort, dem der fragt, wird zur Brücke, dem der wagt.
Wie ein Leuchten in der Nacht, Herz und Hände aufgemacht.
Aus der Wurzel wächst ein Glanz, gibt sich selber, gibt sich ganz,
gibt sich selber, gibt sich ganz.

auf CD/MC "Jede Zeit hat ihre Lieder" RG8

 LB 99

21 Kann es sein

Kathi Stimmer-Salzeder 1998

2. Kann es sein, dass ich gar nicht sehe,
was Du wirklich sagen willst?
Kann es sein, dass ich nicht verstehe,
wie Du meinen Hunger stillst?

3. Kann es sein, dass da noch viel mehr ist,
was aus Liebe wachsen kann?
Kann es sein, dass Dir nichts zu schwer ist,
denn Gott baut mit Dir daran.

22 Bruder Jesus

Kathi Stimmer-Salzeder 1999

zu Mt 11, 25 - 30

Die Lieder Nr. 22 - 25 entstanden zu den Evangelien für die vier Altäre der Fronleichnamsprozession. Sie sind auch im Chorsatz erschienen.

23 Unsres Herzens Stimme

Kathi Stimmer-Salzeder 1999

2. Unsres Herzens Jubel für Dich, unsern Gott!
   Unsres Herzens Jubel für Dich, unsern Gott!
   Dir zu danken allezeit für die helle Seligkeit,
   die Dein Ja in unser Leben bringt.

3. Unsres Herzens Wege zu Dir, unserm Gott!
   Unsres Herzens Wege zu Dir, unserm Gott!
   In der Liebe lass uns stehn und die Wege offen gehn,
   die zu Dir, zu unserm Leben führ'n.

Zu Mk 11, 8 - 11a (Einzug Jesu in Jerusalem)

auf CD/MC "WIR MIT DIR" KS2

24 Wo Du gibst, da werden alle satt

Kathi Stimmer-Salzeder 1999

2. Wo Du teilst, da werden alle reich.
Unbegreiflich, Du liebst alle gleich.
Wo wir engen Herzens Mauern bauen,
werden sie vor Deiner Güte weich.

3. Was Du ansiehst, das fühlt sich erkannt.
So, wie Du beim Namen es genannt,
weiß es sich in Liebe angenommen,
ja, in Dir ist Gott uns zugewandt.

4. Was Du tust, das gibt dem Leben Sinn.
Alles gibst Du für die Deinen hin.
Stärker als der Tod ist Gottes Liebe
und wir finden unser Heil darin.

Zu Lukas 9, 12 - 17 (Die wunderbare Brotvermehrung)

Akkorde Capo 2. Bund:

D e/D e/A A D h h/A G D/Fis A7/E D A4 A D/Fis G e/A A7 D

25 Lebendiges Wort

Kathi Stimmer-Salzeder 1999

Zu Joh 1, 1 - 14

26 Danken, Dir danken

Kehrvers im Kanon

Kathi Stimmer-Salzeder 2000

2. Du, unser Friede im Denken,
Reichtum, einander zu schenken.

3. Du, unser Sehnen, zu heilen,
Freude und Not uns zu teilen.

4. Du, unser Weg in die Weite,
Hoffnung an unserer Seite.

27 Ich will Gott allezeit preisen

T: Erwin Löschberger nach Psalm 34
M: Kathi Stimmer-Salzeder 2000

 LB 99

Fra-gen, ver-steht mei-ne Zwei-fel, er kennt meine Sehnsucht
und sieht mein Be-mü-hen.
3. Ich sin-ge zu Gott und bli-cke auf ihn, trotz
al-lem, was mich be-la-stet, trotz Tod und Tren-nung
trotz Schmerz und Sinn-lo-sig-keit, trotz un-er-hör-ter
Bit-ten, will ich sin-gen al-le-zeit.
etwas langsamer
4. Singt mit mir ü-ber die Wun-der der Lie-be,
a tempo
Ver-ge-bung und Neu-be-ginn,
Freu-de und Hoff-nung.
Hei-lung und Trost,
Gemeinschaft und Frie-den.

28 Der Herr ist auferstanden

T: nach H. Nitschke "Ein Osterpsalm - nach Psalm 118"
M: Kathi Stimmer-Salzeder 2000

folgt Kehrvers

Ostern - Auferstehung
Alle Jahre wieder...

Wieviel Starres,
Verkrustetes gibt es,
aus dem Du auferstehen kannst,
jeden Tag
neu.

29 Aus toten Worten Leben holen

Kathi Stimmer-Salzeder 2000

2. In leere Worte Fülle geben, das kann ich nicht...
Das kannst nur Du, Gott, Du kannst auferstehn,
auch aus den leeren Worten auferstehn
und Fülle sein, ja Fülle sein.

3. In schwache Worte Feuer legen, das kann ich nicht...
Das kannst nur Du, Gott, Du kannst auferstehn,
auch aus den schwachen Worten auferstehn
und Feuer sein, ja Feuer sein.

30 Du wirst den Tod in uns wandeln

Kathi Stimmer-Salzeder 1995

2. Du wirst das Schweigen erfülln mit Gesang,
die Stimme findet zu Sprache und Klang,
auch unser Herz singt, es ist nicht mehr bang,
denn Du stehst auf, Du bist Stimme und Klang.

3. Die Zweifel ruhn, sie erkennen den Sinn
und all die Not trägt uns reichen Gewinn.
Die Leere führst Du zur Zuversicht hin,
denn Du stehst auf, Du bist Inhalt und Sinn.

4. Den müden Glauben bestärkst Du mit Mut
und neue Freude brennt auf aus der Glut.
Wir gehen frei, wie die Liebe es tut,
denn Du stehst auf, Du bist Freude und Mut.

5. Du wirst den Tod in uns wandeln in Licht,
dem Leben gibst Du ein neues Gesicht,
die Tränen trocknen, die Trauer zerbricht,
denn Du stehst auf, Du bist Leben und Licht.

auf MC/CD "SCHATZSUCHER" RG 9
Chorsatz im Notenheft RG 9/NH

31 Auf unserm Weg

Kathi Stimmer-Salzeder 1995

2. Auf unserm Weg - Einer, der uns zuhört,
ganz auf uns eingeht, um uns zu verstehn.
auf unserm Weg - Einer, der uns aufstört,
wo wir nur noch die eignen Muster sehn.
Ihn bitten wir: Bleib doch bei uns,
denn sieh, der Tag geht schon zu Ende.
Bleib doch bei uns...

3. Auf unserm Weg - Einer, der uns aufweckt,
und uns behutsam zum Erkennen führt.
Auf unserm Weg - Einer, der uns ansteckt
mit Zuversicht, die uns ganz tief berührt.
Ihn bitten wir: Bleib doch bei uns,
denn sieh: Der Tag geht schon zu Ende.
Bleib doch bei uns...

Zu Lk 24, 13 -35

Zu diesem Lied ist in der Reihe CHOREDITION ein polyphoner Satz für vierstimmig gemischten Chor erschienen. Bestell-Nr. 4G02

32 Bleibe bei uns

Kathi Stimmer-Salzeder 1996

2. Schenke uns Frieden, sei Du unsre Brücke
hin zu den Ufern, die weiterführ'n.
Komm uns entgegen, füll' Du uns die Hände. Bleibe bei uns!

3. Sei unser Weg und das Licht, das ihm leuchtet,
dorthin, wo alles uns Heimat wird.
Gib dem Vertrauen ganz sicheren Boden. Bleibe bei uns!

4. Lass uns zusammen das Staunen erleben,
denn mit Dir gehn uns die Augen auf.
Brich uns das Brot der lebendigen Liebe. Bleibe bei uns!

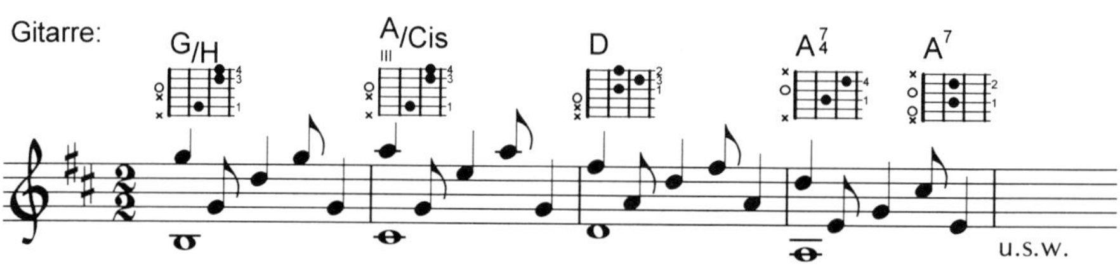

auf CD/MC "Schatzsucher" RG9
Chor- und Instrumentalsatz: Best.Nr. 4G04

33 Zeig uns, wie Leben in Erfüllung geht

Kathi Stimmer-Salzeder 1995

auf CD/MC "Schatzsucher" RG9
Chorsatz im Notenheft "Schatzsucher"

34 Freude kommt aus Dir

Kathi Stimmer-Salzeder 1997

2. Freude kommt aus Dir, macht uns anders und neu,
   Freude kommt aus Dir, nimmt uns Enge und Scheu
   und wir leben und atmen Deinen Geist,
   und wir atmen Deinen Geist.

3. Freude kommt aus Dir, macht die Seele so frei,
   Freude kommt aus Dir - soviel Liebe dabei.
   Und wir leben und atmen Deinen Geist,
   und wir atmen Deinen Geist.

4. Freude kommt aus Dir und wir spür'n Dich ganz nah,
   Freude kommt aus Dir, Du bist Gott, Du bist da
   und wir leben und atmen Deinen Geist,
   und wir atmen Deinen Geist.

35 Geist wie Feuer

Kathi Stimmer-Salzeder 1996

 LB 99

36 Das Gleichnis vom Feigenbaum

Kathi Stimmer-Salzeder 1998

Einzelne:
1. Er braucht nur Platz, trägt kei - ne Frucht.
2. Er nimmt dem Bo - den sei - ne Kraft.
3. Er macht nur Schat - ten rings um sich.
4. Er braucht nur Platz und bringt doch nichts.
Alle:
Der Baum muss weg, hau' ihn doch um.
Alle: (Wdhg. auch im Kanon möglich)
(1.)
(2.)
A: Ei - nen schö - nen Wein - berg hab' ich, vie - le Früch - te
bringt er, doch der gro - ße Fei - gen - baum dort
trägt wohl doch nichts mehr.
Instrument
Instrument

Mann: (Alle wiederholen)
G D G C D
1. Du, mein Gärtner kennst den Baum, hast ihn groß - ge - zo - gen,
h e h e a G H D
Hau' ihn um, jetzt ist es Zeit, wir sind mit ihm be - tro - gen.
Instrument
h e a G H C D E7 a G H C D
Gärtner: (Alle wiederholen)
G D G C
2. Ja, Herr, ich kenn' den Baum, lang schon könnt' er
D h e h e a G H
tra - gen. Doch wie weh würd' es mir tun, ihn jetzt um - zu -
D
schla - gen.
Instrument
a G H D4 D
Gärtner:
a e F G a
Herr, lass ihn noch ste - hen, er braucht noch et - was Zeit.
a e F G a
Herr, lass ihn noch ste - hen, er ist noch nicht so weit.

Ein Mann hatte in seinem Weinberg einen Feigenbaum;
und als er kam und nachsah,
ob er Früchte trug,
fand er keine.
Da sagte er zu seinem Weingärtner:
Jetzt komme ich schon drei Jahre und sehe nach,
ob dieser Feigenbaum Früchte trägt, und finde nichts.
Hau ihn um!
Was soll er weiter dem Boden seine Kraft nehmen?

Der Weingärtner erwiderte:
Herr, lass ihn dieses Jahr noch stehen;
ich will den Boden um ihn herum aufgraben und düngen.
Vielleicht trägt er doch noch Früchte;
wenn nicht,
dann lass ihn umhauen.

(Lk 13, 6 - 9)

Zu dieser kleinen Kantate ist eine Ausgabe für zwei Begleitinstrumente erhältlich.

Die Liebe bricht das Brot

37 Welch ein Segen

Kathi Stimmer-Salzeder 1998

2. Welch ein Segen, Deine Tür ist mir immer offen,
mit Dir kann ich hoffen, fühl' ich mich auch klein.
Und so komm' ich jetzt zu Dir, kann Dir alles sagen,
bin mit meinen Fragen auch bei Dir daheim.

3. Welch ein Segen, Du bist nah, wo sich Menschen finden,
sich in Dir verbinden. Keiner bleibt allein.
Soviel Freude kommt aus Dir, wenn wir uns begegnen
und einander segnen, so bei Dir daheim.

Zwischenspiel / Nachspiel

38 Du lädst uns ein

Kathi Stimmer-Salzeder 2000

2. Es kränkt sich oft an Sachen, die gar nicht wichtig sind.
   Nun darf es vor Dir lachen, dass ich Dich find'.

3. Denn Du willst mir ganz nah sein, teilst Brot und Wein mit mir,
   willst immer für mich da sein. Wie dank' ich Dir!

auch in E-Dur (Capo 2. Bund)

39 Kyrie-Ruf

Kathi Stimmer-Salzeder 1996

(nach dem Instrumental "ERDE")

Einstimmige Fassung in e-moll:

KS 1996

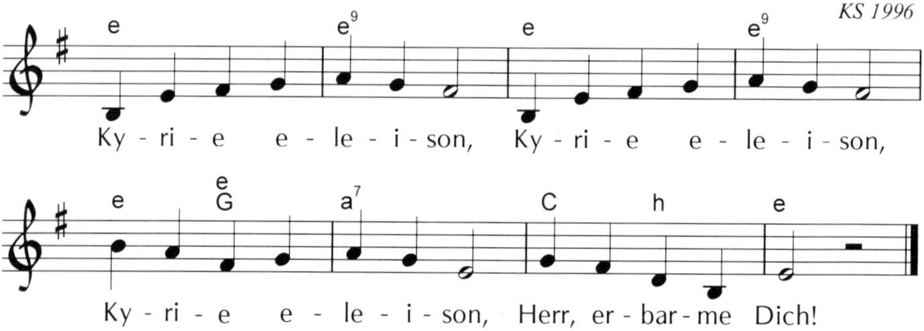

Anmerkung:
Der Capo auf dem 3. Bund der Gitarre transponiert diese Fassung nach g-moll.

40 Und Freude wird weit

Glorialied

Kathi Stimmer-Salzeder 1999

2. Du willst, dass Friede bei uns ist, dass wir voll Hoffnung gehn,
   weil Du doch unser Leben bist, wo wir entschieden zu Dir stehn.

3. So bist Du, Gott, auf unserm Weg so, wie der Sonne Glanz.
   Du machst uns Herz und Hände reg', unsere Seele heil und ganz.

41 Unser Lob für Dich

Kathi Stimmer-Salzeder 1994

42 Gloria, Gloria

Kathi Stimmer-Salzeder 1998

A: 3. Gloria, Gloria, groß bist Du, Liebe wird stark in Deiner Nähe,
Gloria, Gloria, groß bist Du, wie birgt uns Deine Hand.

Gloria, Gloria, lob' ich Dich, mehr noch mein Herz, als meine Stimme,
Gloria, Gloria, lob' ich Dich, Ehre sei Dir, mein Gott!

43 Hallelujaruf

Kathi Stimmer-Salzeder 1996

KV 2x Alle

Strophe in der Osterzeit:

Brannte nicht das Herz in uns, als er mit uns ging und mit uns sprach,

so, dass wir die Liebe erkannten und freudig ihn nannten unsern Gott.

44 Einer, der sagt

Halleluja-Lied

Kathi Stimmer-Salzeder 2000

2. Einer, der uns Bruder ist, einer, der uns nicht vergisst,
geht mit uns, steht für uns, Halleluja!

Jesus, der uns Bruder ist, Jesus, der uns nicht vergisst,
geht mit uns, steht für uns, Halleluja!

auf CD/MC "WIR MIT DIR" KS2

45 Hören, hören das Wort

Kathi Stimmer-Salzeder 2000

(mehrmals wiederholen)

46 Halleluja-Rufe

1

Otto Stimmer 1996

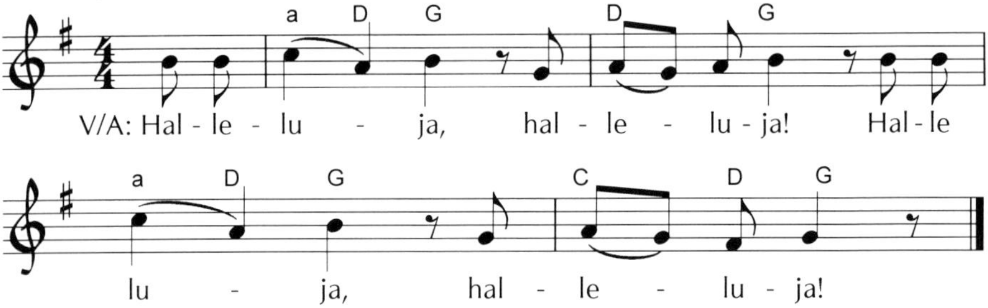

2

Kathi Stimmer-Salzeder/ Otto Stimmer 1993

3

Kathi Stimmer-Salzeder 2000

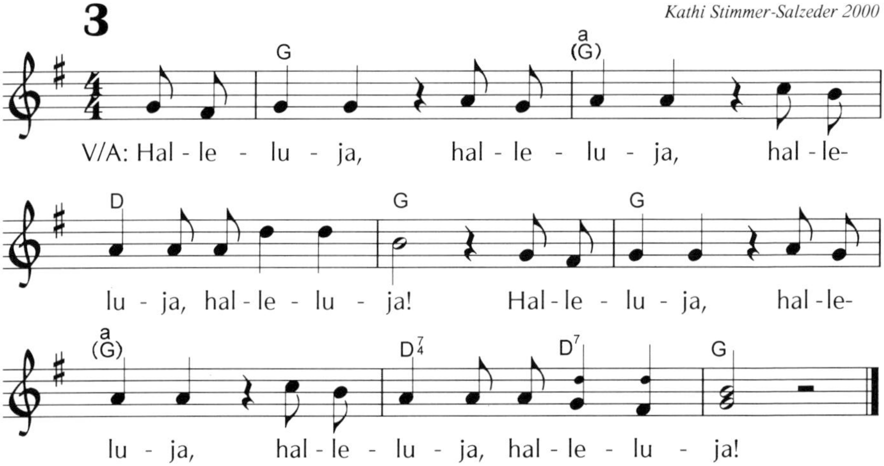

Hallelujaverse:

V: 1. Singt un - serm Gott,
2. Dan - ket dem Herrn,
3. Brann - te uns nicht das Herz,
4. Komm, hei - li - ger Geist,
5. Aus Dei - nem Geist zu re - den,

1. sagt ihm Dank al - le, die er ge - schaf - fen hat,
2. denn er ist gut,
3. als der Herr un - ter - wegs mit uns re - de - te
4. er - fül - le un - se - re Her - zen,
5. Gott, gib uns Mut,

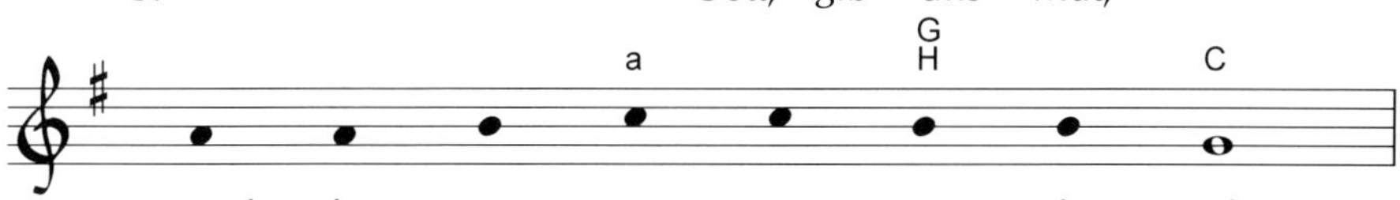

1. und nehmt sein Wort in Freu - de auf,
2. und sei - ne Lie - be hört nie auf,
3. und uns den Sinn der Schrift er - schloss,
4. mach Dei - ne Lie - be in uns stark,
5. Du bist ja bei uns al - le Zeit,

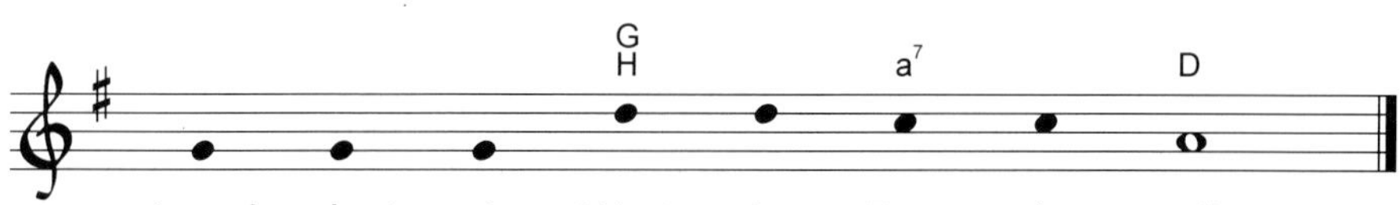

1. und nehmt sein Wort in Freu - de auf!
2. und sei - ne Lie - be hört nie auf!
3. und uns den Sinn der Schrift er - schloss.
4. mach Dei - ne Lie - be in uns stark!
5. Du bist ja bei uns al - le Zeit.

Strophe 3: Ostermontag, zum Evangelium von den Emmausjüngern
Strophen 4 und 5: Pfingsten
Strophe 5: Christi Himmelfahrt

47 Wo kein Weg sich zeigt

Fürbittlied

Kathi Stimmer-Salzeder 1995

2. Wo nur Mauern stehn, Menschen hilflos gehn,
Herr, erbarme Dich!
Wo kein Wort mehr gilt und den Hunger stillt,
Herr, erbarme Dich!

3. All der Dunkelheit, all der leeren Zeit,
Herr, erbarme Dich!
Der missbrauchten Kraft, dem,was Leiden schafft,
Herr, erbarme Dich!

48 Du hast lebendige Worte

Kathi Stimmer-Salzeder 1997

2. Du bist das Brot für die Seele,
Brot, das den Hunger nach Liebe uns stillt.
Nehmen und geben, Weinstock und Reben,
wir sind in Dir, Du bist in uns.

3. Du bist der Wein für die Freude,
Wein für den Durst nach dem Glanz, der erfüllt.
Nehmen und geben, Weinstock und Reben,
wir sind in Dir, Du bist in uns.

49 Komm, sei unser Gast

Kathi Stimmer-Salzeder 1993

Der Kehrvers dieses Liedes eignet sich auch als Tischruf.

auf CD/MC "Jede Zeit hat ihre Lieder" RG 8
Satz im gleichnamigen Notenheft RG 8/NH

50 Heilig, wie lob' ich Dich

Kathi Stimmer-Salzeder 1998

51 Heilig, Gott für uns

Kathi Stimmer-Salzeder 1994

52 Heilig bist Du

Kathi Stimmer-Salzeder 1996

Originaltonart E- Dur

53 Heilig (2000)

Kathi Stimmer-Salzeder 2000

Fassung in G-Dur:

Kathi Stimmer-Salzeder 2000

54 Amen-Rufe

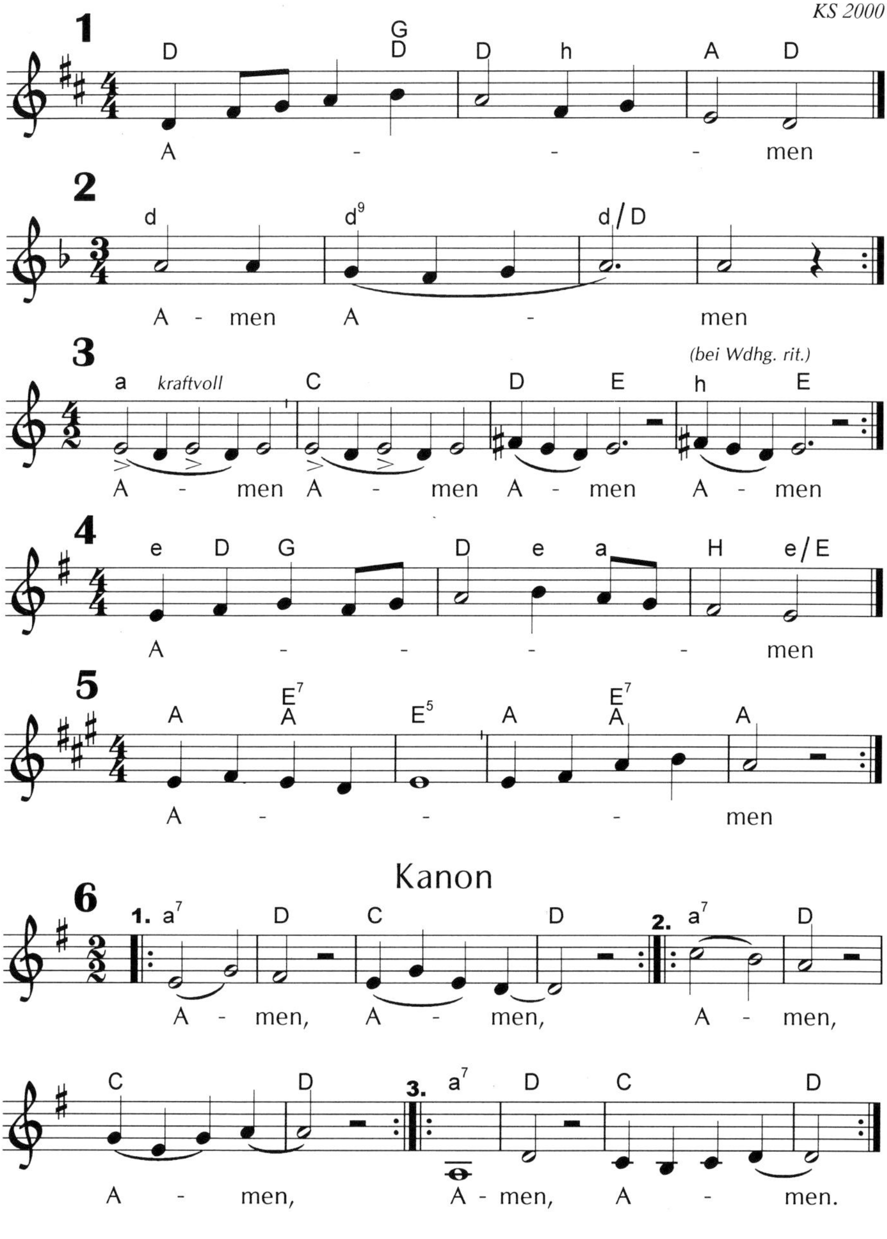
KS 2000
1
A - - - men
2
A - men A - men
3
kraftvoll
(bei Wdhg. rit.)
A - men A - men A - men A - men
4
A - - - - men
5
A - - - men
Kanon
6
A - men, A - men, A - men,
A - men, A - men, A - men.

55 Wenn Du wie der Friede kommst

Kathi Stimmer-Salzeder
1997/98

2. Wenn Du wie das Feuer kommst,
mit der Kraft, die alles fasst,
muss sich alles in Dir wandeln,
Glut und Asche, Licht und Rauch.
Du machst unser Leben weit...

3. Wenn Du wie der Regen kommst,
dort wo Hunger ist und Durst,
ist's, als ob ein neues Leben
tief in dürre Erde dringt.
Du machst unser Leben weit...

 LB 99

56 Frieden wünsch' ich dir

Kathi Stimmer-Salzeder 2000

auf CD/MC"Wir mit Dir" KS2

Gitarrengrifftabelle:

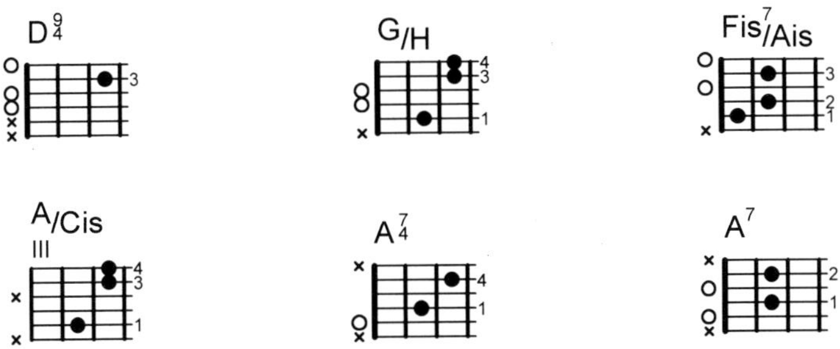

57 Deine Hand und meine Hand

Kathi Stimmer-Salzeder 1997

auf CD/MC "Von innen raus" KS1

58 Das Wort ist Fleisch geworden

Kathi Stimmer-Salzeder 1998

Wenn das Wort lebendig wird,
ist es wie ein Feuer.
Und aus seiner heißen Glut
wächst ein Abenteuer...

59 Die Liebe bricht das Brot

Gesang zur Brotbrechung

Kathi Stimmer-Salzeder 1998

Der Gesang wird so lange wiederholt, bis das Brotbrechen abgeschlossen ist. Nach je zwei Versen folgt ein Zwischenspiel.

Zwischenspiel

60 Wir sind alle eins

Kanon / Liedruf

Kathi Stimmer-Salzeder 1997

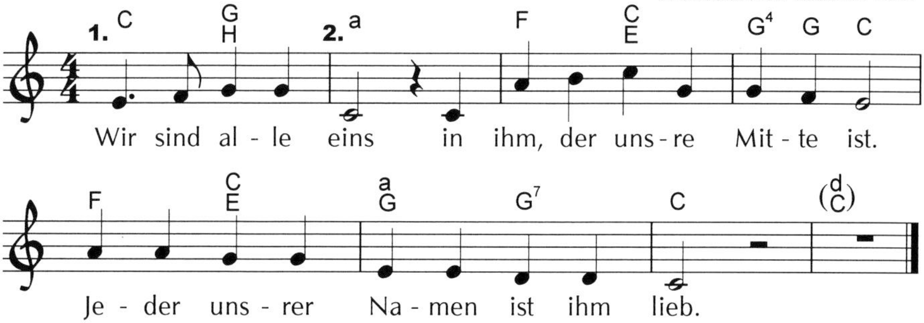

Dieser Kanon kann auch als einstimmiger Ruf gesungen werden. Dabei kann das Wort "Mitte" durch andere, wie Freude, Hoffnung, Liebe, Leben... ersetzt werden.

60 a Singt und dankt

Kathi Stimmer-Salzeder 1998

Tischgesänge

61 Kommt und seht

Kathi Stimmer-Salzeder 1998

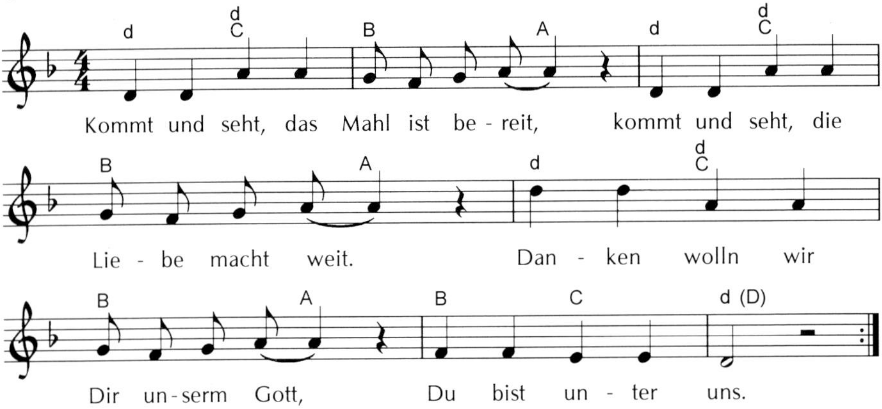

62 Immer wieder deckst Du uns den Tisch

KS 2000

63 Komm, sei unser Gast (Kanon)

KS 2000

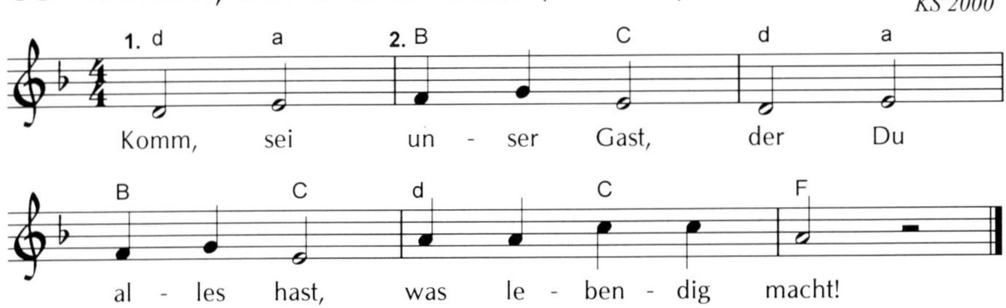

Bei der Gestaltung als Kanon nur mit d-moll und a-moll im Wechsel begleiten.

Dankrufe

64 Unsern Hunger hast Du gestillt

KS 2000

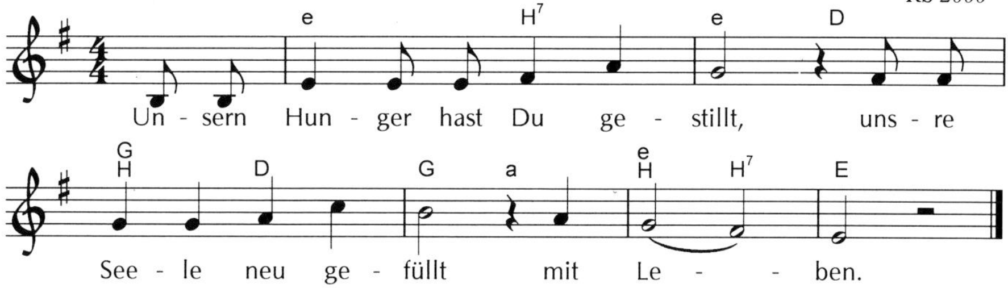

65 Danke, dass Du bei uns bist

KS 2000

66 Weil ich denke, sag' ich DANKE

KS 2000

Und wir bewegen
miteinander
unsre Welt

67 Wenn das Wort lebendig wird

Kathi Stimmer-Salzeder 2000

2. Wenn das Wort lebendig wird, ist es wie der Regen,
der die dürre Erde tränkt und wird so zum Segen.
Löscht den Durst 𝄾 und frischt uns auf, Leben blüht 𝄾 und tut sich auf,
denn in Fleisch und Blut tut es gut.

3. Wenn das Wort lebendig wird, ist es wie ein Morgen,
dem noch alles offen ist, weit und doch geborgen.
Ungereimtes wird uns klar, Möglichkeiten werden wahr,
denn in Fleisch und Blut macht es Mut.

68 Tu deinen Teil

Kathi Stimmer-Salzeder 1998/2000

2. Das Leben darfst du würzen mit deinem Salzkorn Mut.
   Nur wenn du schal geworden, dann schmeckst du nicht mehr gut.

3. Hältst du dein Licht verborgen, wer soll sich daran freu'n?
   In Gottes Liebe brauchst du das Leuchten nicht zu scheu'n.

4. Das Große braucht das Kleine, sonst kann es ja nicht sein,
   doch fühl' dich nicht zu wichtig, und auch nicht allzu klein.

5. Tu es mit all den Gaben, die du in dir entdeckst,
   du kannst nur Licht und Salz sein, wenn du dich nicht versteckst.

Originaltonart: g-moll / evtl. je zwei Strophen zusammenfassen

69 Steh dazu

Kathi Stimmer-Salzeder 1994

auf CD/MC "Jede Zeit hat ihre Lieder" RG8
Chorsatz im Notenheft "Jede Zeit hat ihre Lieder"

Eine Gemeinschaft
ist mehr
als die Summe
von Interessen,
sie ist die Summe
der Hingabe.

(Quelle unbekannt)

70 Geh mit uns, und wir wagen es

Kathi Stimmer-Salzeder 1994

auf CD/MC "Jede Zeit hat ihre Lieder" RG8
Chor-und Instrumentalsatz im Notenheft RG8

71 Lass unser Lied

Kathi Stimmer-Salzeder 1993

2. Lass unsern Traum ganz wach dem Tag begegnen,
lass unser Glück - verschenkt - einander segnen.

3. Gib unserm Blick den Glanz, uns anzurühren,
gib unsrer Hand den Halt, sicher zu führen.

4. Lass unserm Leid den Raum, bei uns zu weilen,
lass unsern Trost - geteilt - einander heilen.

5. Lass doch Dein Wort, o Gott, fest bei uns wohnen,
lass durch Dein Ja zu uns das Leben lohnen.

Originaltonart: F-Dur

auf CD/MC "Jede Zeit hat ihre Lieder" RG8
Chorsatz im Notenheft "Jede Zeit hat ihre Lieder"

72 Die Freude sucht sich ihren Weg

Kathi Stimmer-Salzeder 1999

3. Die Freude sucht sich ihren Weg mit aller Kraft
   und zündet in uns für das Leben Leidenschaft.
   Und wir bewegen miteinander unsre Welt...

4. Die Freude fängt sich nicht in enger Kleinlichkeit,
   sie macht die Augen hell und unsre Herzen weit.
   Und wir bewegen miteinander unsre Welt...

5. Die Freude trägt uns über Schwachheit und Gefahr,
   sie macht uns Deine Liebe ganz lebendig wahr.
   Und wir bewegen miteinander unsre Welt...

6. Die Freude lässt uns gehen voller Zuversicht:
   Du mit uns auf dem Weg, so wie ein helles Licht.
   Und wir bewegen miteinander unsre Welt...

73 Sein ist die Zeit

Kathi Stimmer-Salzeder 2000

2. Wo wir am Ende sind, setzt er den Anfang neu.
Er ist uns über alles treu.
Wo wir ihm trauen, wird ein Staunen in uns wach:
Fest steht das Haus, das er uns baut, fest schützt sein Dach.

3. Sein Wort wird wahr, wo wir es neu für uns verstehn,
wenn wir auch kleine Schritte gehn.
Denn unser Mut ist Teil von seiner großen Kraft,
die alles Leben, alle Liebe uns erschafft.

Originaltonart: E- Dur

Liebe
lebt vom Zeit haben -
und Zeit haben wir,
solange wir leben.

KS

74 Wo Du uns miteinander

Kathi Stimmer-Salzeder 1999

2. Wo Du uns miteinander, miteinander reden lässt,
da wird das Leben weiter, da wird es uns zum Fest.

3. Wo Du uns miteinander, miteinander hoffen lässt,
da wird das Leben heller, da wird es uns zum Fest.

4. Wo Du uns miteinander, miteinander glauben lässt,
da wird das Leben reicher, das wird es uns zum Fest.

5. Wo Du uns miteinander, miteinander feiern lässt,
da wird das Leben froher, da wird es uns zum Fest.

Zwischenspiel

Zwischenspiel: Stefan Starzer

75 Wir mit Dir

Kathi Stimmer-Salzeder 1999

3. Wir mit Dir - mit weitem Herzen,
das dem Leben offen ist.
Im heute und im morgen fühlen wir, fühlen wir,
fühlen wir mit Dir.

4. Wir mit Dir - wie Salz zum Würzen,
auch das Kleine ist Dir wert.
Im heute und im morgen handeln wir, handeln wir,
handeln wir mit Dir.

5. Wir mit Dir - auf festem Boden,
den uns Deine Nähe schenkt.
Im heute und im morgen glauben wir, glauben wir,
glauben wir mit Dir.

6. Wir mit Dir - ein Ziel vor Augen,
Deine Liebe unter uns.
Im heute und im morgen gehen wir, gehen wir,
gehen wir mit Dir.

auf CD/MC "WIR MIT DIR" KS2

76 Wie ein Lied

Kathi Stimmer-Salzeder 1994

2. Wie ein Lied aus vielen Tönen
sind wir vor Dir, Gott.
Wie ein Lied aus vielen Tönen,
die voll Wohlklang sind,
wenn wir Kälte vertreiben,
nah bei Dir bleiben,
in deiner Liebe, Gott.

3. Wie ein Lied aus vielen Stimmen
sind wir vor Dir, Gott.
Wie ein Lied aus vielen Stimmen,
die im Einklang sind,
wenn wir hören und sehen
und uns verstehen
aus Deiner Liebe, Gott.

Zu diesem Lied ist in der Reihe CHOREDITION ein Chorsatz erschienen. Bestell-Nr. 4G05

77 Wenn wir miteinander träumen

Kathi Stimmer-Salzeder 2000

2. Wenn wir miteinander reden, kann es sein...
suchen Worte ihre Wege zur Lebendigkeit...

3. Wenn wir miteinander teilen, kann es sein...
suchen Herzen ihre Wege zur Gerechtigkeit...

4. Wenn wir miteinander handeln, kann es sein...
suchen Hände ihre Wege zur erfüllten Zeit...

5. Wenn wir miteinander glauben, kann es sein...
wachsen viele neue Wege, auch in unsrer Zeit...

78 Nah am Nächsten

Kathi Stimmer-Salzeder 1999

3. Nah am Nächsten den Weg im Glauben wagen -
Gott im Menschen - das lässt uns Würde tragen...

4. Nah am Nächsten, um seine Last zu teilen -
Gott im Menschen will unsre Wunden heilen...

5. Nah am Nächsten brauchst du die Hand des andern.
Gott im Menschen - das heißt: gemeinsam wandern...

6. Nah am Nächsten beginnt das Abenteuer.
Gott im Menschen, so wie ein starkes Feuer...

79 Runter vom hohen Ross

Ein Franziskuslied

Kathi Stimmer-Salzeder 2000

2. So - Hand in Hand, da fällt die Scheu, da werden Möglichkeiten neu.
   Das Wasser wird zu Wein. Lässt du dich ein, so kann es sein.

3. So - Herz an Herz, da fängt es an, das Leben, das nicht anders kann,
   als nach dem Licht zu schrei'n. Lässt du dich ein, so kann es sein.

4. So - angesehn und angerührt, so, ganz von Gottes Hand geführt,
   da kannst du auch verzeih'n. Lässt du dich ein, so kann es sein.

 LB 99

80 Aussteigen

Kathi Stimmer-Salzeder 2000

Es kann sein,
dass du aussteigen musst,
um
tiefer einzusteigen

ins Leben.

81 Mit dir

Ein Lied für Bruder Jesus, ein Lied für Bruder Franz ...

Kathi Stimmer-Salzeder 2000

2. Mit dir such ich Wärme - zum Verschenken reif und weit,
   ja, ich hör' dein Lied in seiner Armut Fröhlichkeit.

3. In den kleinen Dingen lehr' mich Gottes Wunder sehn,
   ihm vertrau'n in allem, kann ich's oft auch nicht verstehn.

4. Hilf mir loszulassen, was mich blind macht oder hart,
   lass mich mit dir gehn in Gottes guter Gegenwart.

Zwischenspiel

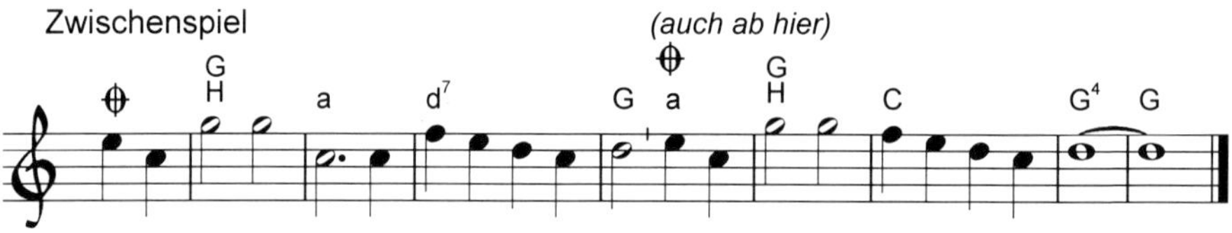

82 Die Erde ist uns anvertraut

Kathi Stimmer-Salzeder 1998

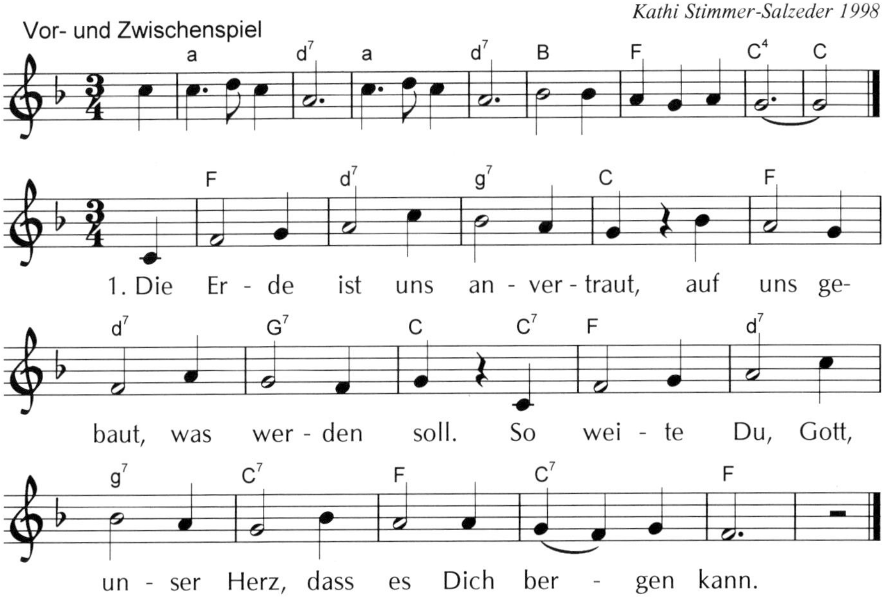

2. Das Leben ist uns anvertraut,
auf uns gebaut, was wachsen soll.
So führe Du, Gott, unsre Hand,
dass sie das Gute tut.

3. Die Liebe ist uns anvertraut,
auf uns gebaut, was reifen soll.
So sei uns ineinander nah,
der Du die Liebe bist.

Nach Gedanken zum Leben des Hl. Josef: Ihm war das Leben von Maria und Jesus anvertraut. mit weitem Herzen hat er diese Aufgabe angenommen, behütet und geschützt, was wachsen und reifen sollte. In dieser Haltung kann er uns Vorbild sein, mit dem Leben behutsam und liebevoll umzugehen.

83 Hilf uns lernen, Mensch zu sein

Ein Don-Bosco-Lied

Kathi Stimmer-Salzeder 1998/2000

2. Ein Vertrauen, das uns stützt -
   miteinander, füreinander -
   eine Liebe, die uns schützt,
   Liebe, die uns schützt.

3. Eine Kraft, die rastlos teilt -
   miteinander, füreinander -
   Einsatz, der das Unrecht heilt,
   der das Unrecht heilt.

4. Hoffnung, die dem Leben traut -
   miteinander, füreinander -
   immer neue Wege baut,
   neue Wege baut.

Immer wieder gibt es Menschen wie Johannes Bosco (1815-1888), die aus der Liebe zu Gott ihre ganze Kraft für andere einsetzen, ihnen in schwierigen Lebenssituationen beistehen, Heimat geben, Ausbildung ermöglichen - einfach helfen, Mensch zu sein.

Ein weiteres "Don-Bosco-Lied" mit dem Titel "Wenn ihr Glauben habt", findet sich im Liederbuch "Lied der Hoffnung"3.

Von innen raus

84 Ich fang neu an jeden Tag

Kathi Stimmer-Salzeder 1998

(Schluss: nach dem 3. KV die ersten beiden Takte wiederholen)

85 So kommt ein neuer Tag

Kathi Stimmer-Salzeder 1982

86 Dieser Tag ist neu

Kathi Stimmer-Salzeder 2000

(auch in B-Dur, Capo 1. Bund)

auf CD/MC "WIR MIT DIR" KS2

86 Tu mir den Tag auf

Kathi Stimmer-Salzeder 1997

2. Tu mir das Herz auf, für all den Reichtum,
dass ich ihn spüre in den Menschen um mich.
Tu mir das Herz auf, schenke mir Weite,
schenke mir Liebe, so bist Du da.

3. Tu mir die Hand auf, hilf mir mich lösen,
damit ich frei bin für die Menschen um mich.
Tu mir die Hand auf, schenke mir Weite,
schenke mir Liebe, so bist Du da.

4. Tu mir den Mund auf, hilf mir zu reden,
so, wie es gut ist für die Menschen um mich.
Tu mir den Mund auf, schenke mir Weite,
schenke mir Liebe, so bist Du da.

88 Dieser Tag soll fröhlich sein

Kathi Stimmer-Salzeder 1993

2. Wenn ihr lachen könnt, dann lacht,
   weil das Lachen Freude macht.

3. Wenn ihr springen könnt, dann springt,
   weil das Springen Freude bringt.

4. Wenn ihr winken könnt, dann winkt,
   weil das Winken Freude bringt.

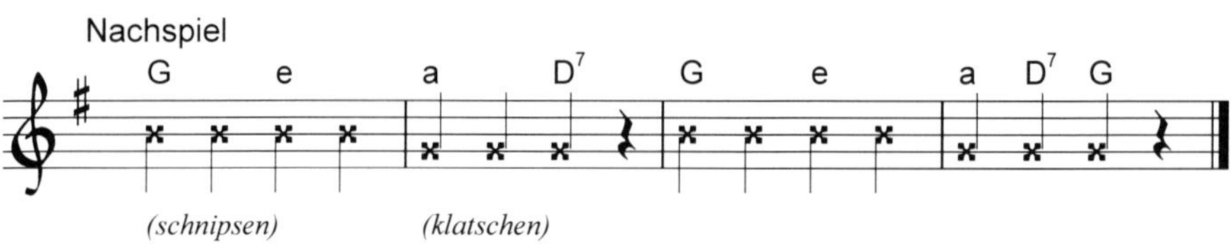

auf CD/MC "Von innen raus" KS1

89 Kleiner Seelenvogel flieg'

Vor- und Zwischenspiel

Kathi Stimmer-Salzeder 1995

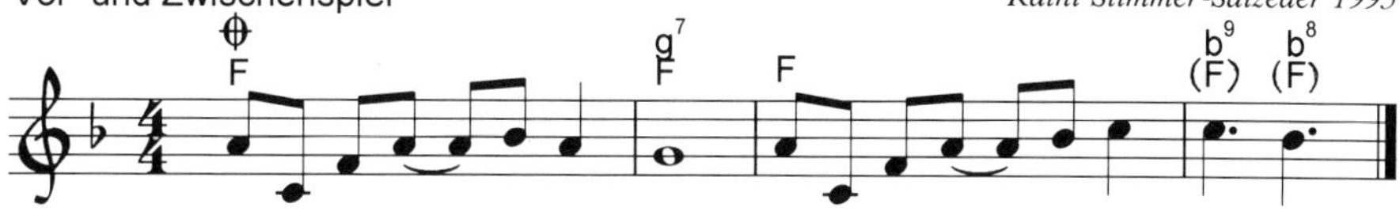

1. Die Welt hat Son-nen-schein und Re-gen und Licht und Schat-ten
Die Welt hat vie - le bun - te Far-ben und aus den Wun-den

auf den We - gen. 1.-3. Klei - ner See-len - vo - gel flieg',
wer - den Nar - ben.

klei - ner See - len - vo - gel flieg'!

2. Die Welt hat viele bunte Lieder,
in manchen findest du dich wieder...

Die Welt hat viele kleine Schritte,
nur manche führen dich zur Mitte...

3. Die Welt hat Enge und hat Weite
und schön fliegt es sich Seit' an Seite...

Die Welt hat viele, viele Nester
und Vater, Mutter, Bruder, Schwester...

Nachspiel

auf CD/MC "Von innen raus" KS1

90 Kratz an deiner Schale

Kathi Stimmer-Salzeder 1996/97

2. Tu dir etwas Gutes, hab dich selber gern.
   Du bist eine Welt für sich, grad so wie ein Stern.
   Und so darfst du leuchten, ganz von innen raus.
   Nimm dich an und sag dir: Ja, so seh ich aus!
   La la la la...

3. Schenk dir mal ein Lachen, schau, wie gut das tut.
   Spür den tiefen Atem und den neuen Mut.
   Lass die Seele leben ganz von innen raus.
   Nimm dich an und sag dir: Ja, so seh ich aus!
   La la la la...

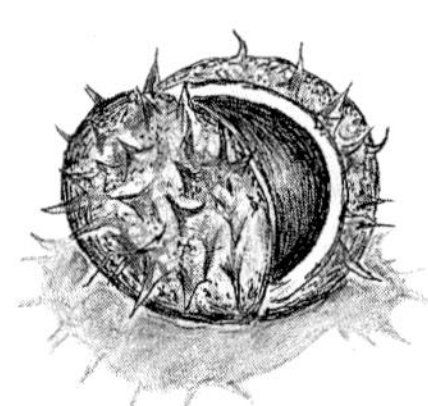

auf CD/MC "Von innen raus" KS1

91 Hast du heute schon gelacht?

Kathi Stimmer-Salzeder 1996

 LB 99 *auf CD/MC "Von innen raus" KS1*

92 Oft bin ich wie ein Igel

Kathi Stimmer-Salzeder 1996

2. Da sind so viel' Gedanken, die wollen dauernd zanken,
   mit dem, was war und ist.

3. Die Worte, die verletzen und alles daran setzen,
   einander gleich zu tun.

4. Und manchmal möcht' ich fliehen und ganz zurück mich ziehen,
   fest in mein Stachelhaus.

5. Ich sehe meine Waffen und möcht' es so gern schaffen,
   trotz allem gut zu sein.

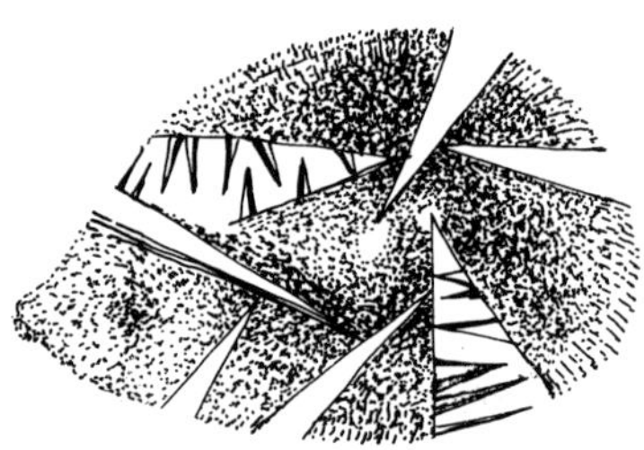

auf CD/MC "Von innen raus" KS1

93 Woraus sind wir Menschen gemacht?

Kathi Stimmer-Salzeder 1995

 LB 99 *auf CD/MC "Von innen raus" KS1*

94 Wenn du mal ganz traurig bist

Kathi Stimmer-Salzeder 1999

2. Manchmal bist du so frustriert, denn alles läuft schief -
und auf deiner Wetterkarte ein Riesentief -
sammle deine Traurigkeit zu einem großen Ball,
schau ihn dir an und pirsch dich 'ran. KV

3. Wie du doch von manchem wünschst, es wär' nicht geschehn,
doch du kannst die Zeit nicht wieder rückwärts drehn.
Sammle deine Traurigkeit zu einem großen Ball,
schau ihn dir an und pirsch dich 'ran. KV

KV: Kick doch deine Sorgen wie den Ball in den Himmel,
schwer wie ein Stein in den Himmel hinein.
Kick doch deine Sorgen wie den Ball in den Himmel,
in den Himmel hinein.

95 Lach dich mal an

Schlecht-Wetter-Lied

Kathi Stimmer-Salzeder 1999

2. Häng dich mal rein, häng dich mal rein,
lass dich doch nicht einfach treiben.
Häng dich mal rein, häng dich mal rein,
du brauchst nicht alleine bleiben.
Grad wenn bei dir gar nichts geht und das Barometer unten steht,
dann häng dich mal rein, häng dich mal rein, häng dich einfach rein.

3. Sing doch mal mit, sing doch mal mit,
bist du auch nicht ein Caruso.
Sing doch mal mit, sing doch mal mit,
wie du klingst, das bist halt du so.
Grad wenn's nicht so einfach geht und das Barometer unten steht,
dann sing doch mal mit, sing doch mal mit, sing doch einfach mit!

 LB 99

96 Warm ist mein Licht

Laternenlied

Kathi Stimmer-Salzeder 1998

2. Hell ist mein Licht, hell ist mein Licht,
scheint mir grade ins Gesicht,
trag' ich es in die Nacht hinein,
wird sie ein wenig heller sein,
ein wenig heller sein,
ein wenig heller sein.

3. Bunt ist mein Licht...

4. Froh ist mein Licht...

Zwischenspiel

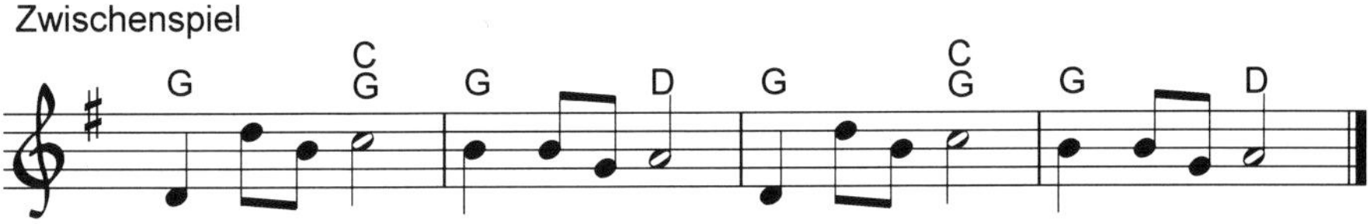

auf CD/MC "Von innen raus" KS1

97 In eine Richtung

Kathi Stimmer-Salzeder 1996

2. In eine Richtung, der Weg ist weit -
wir sind Gemeinschaft, wir sind bereit.
Gemeinsam...

3. In eine Richtung mit frohem Mut -
wir sind Gemeinschaft, das tut uns gut.
Gemeinsam...

4. In eine Richtung, in einem Geist,
wir sind Gemeinschaft, die "Leben" heißt.
Gemeinsam...

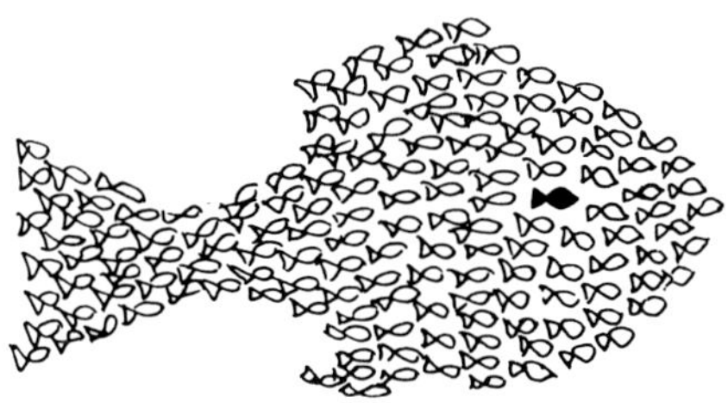

98 Ich glaube

Kathi Stimmer-Salzeder 1997

2. Ich glaube dass Du stärker bist,
froher bist, näher bist,
als ich es denken kann.
Und doch bist Du, der nicht vergisst,
der unser guter Vater ist.
Wie dank' ich Dir dafür!

(Dieses Kinderlied lässt sich gut mit Bewegungen darstellen.)

99 Du bist im Lachen

Kathi Stimmer-Salzeder 1996

2. Du willst nicht, dass ich mich verlier'
in tausend kleinen Sorgen.
Nein, Du willst, dass ich heute leb'
und mit Dir geh ins Morgen.

3. Du gibst mir jeden neuen Tag
wie eine leere Schale
und Du bist da und füllst sie mir
so reich und viele Male.

auf CD/MC "Von innen raus" KS1

 LB 99

100 Wie ein guter Hirte

Kathi Stimmer-Salzeder 1999

2. Wie ein guter Hirte, der die Seinen kennt,
weiß, was jeder braucht und ihn beim Namen nennt,
so bist Du für uns...

3. Wie ein guter Hirte, der betroffen ist
von der Not der Seinen und auf keins vergisst,
so bist Du für uns...

4. Wie ein guter Hirte, der die Richtung weist,
so, dass wir ihn spüren, Gottes guten Geist,
so bist Du für uns...

auf CD/MC "Von innen raus" KS1

Lass mich nicht mit meinen Gedanken allein -
sie könnten sich verirren
im Übermaß der Möglichkeiten.

Sag - kannst Du mir nicht
einen Gedanken schenken,
einen guten für diesen Tag,
wie einen festen Pfad,
auf dem all die anderen
entlang gehen können?

... mit meinen Gedanken allein...

Manchmal kommen sie mir vor,
wie selbständige Wesen,
die sich abkoppeln
und ihr Unwesen in mir treiben.
Heut' hab' ich sie ertappt -
sie wollten los und den Frieden stören
schon am frühen Morgen.

Gott,
sei Du mein Gedankenturm,
mein Leuchtfeuer,
an dem ich mich ausrichten kann.
Lass mich nicht mit meinen Gedanken allein!

Nimm Du
meinen leisen Ton

101 Vom Atem lernen

Kathi Stimmer-Salzeder 1994

2. Vom Atem lernen das Auf und das Ab,
fassen und lassen, hungrig und satt.
Die Not der Blindheit und das strahlende Licht,
den Weg zwischen beiden hin zum gleichen Gewicht.
Immer im Werden und im Vergehn,
immer im Werden und im Vergehn.

3. Vom Atem lernen den Berg und das Tal,
frisch und verbraucht, 𝄽 köstlich und schal.
Die Last der Enge und zur Weite den Drang,
die Sehnsucht nach Frieden, nach der Einheit im Klang.
Immer im Werden und im Vergehn,
immer im Werden und im Vergehn.

auch in Es-Dur, Capo 1. Bund

auf CD/MC "Jede Zeit hat ihre Lieder" RG8

102 Mitten im Leben

Kathi Stimmer-Salzeder 1994

auf CD/MC "Jede Zeit hat ihre Lieder" RG8
Chorsatz im Notenheft "Jede Zeit hat ihre Lieder"

103 Gar nichts wissen

Kathi Stimmer-Salzeder 1999

2. Wege weit und Wege schmal,
manche Lust und manche Qual.
Aufrecht oder krumm vor Not -
stärk' den Rücken uns, o Gott!

3. Menschen um uns, nah und fern,
suchen dunkel ihren Stern...

4. Glück, das aus den Händen rinnt,
Herz, das immer danach sinnt...

5. Trauer, wie ein weites Meer
und doch Leben um uns her...

Zu Lukas 13, 10-17: "Die Heilung der verkümmten Frau am Sabbat"

104 Vater

Kathi Stimmer-Salzeder 2000

1.Va - ter, wie al - lein, so ein Mensch, so al - lein -

Va - ter, kann nicht sein, so ein Mensch, so al - lein.

Streck' die Hand aus und rühr' Du uns an, weil doch

kei - ner von uns oh - ne Dich Mensch sein kann.

2. Vater, wie verzweifelt ein Mensch, so allein -
Vater, kann nicht sein, so ein Mensch, so allein.
Streck' die Hand aus und rühr' Du uns an,
weil doch keiner von uns ohne Dich Mensch sein kann.

3. Vater, wie verloren ein Mensch, so allein -
Vater, kann nicht sein, so ein Mensch, so allein.
Streck' die Hand aus und rühr' Du uns an,
weil doch keiner von uns ohne Dich Mensch sein kann.

Zwischenspiel

105 Keine Brücke

Kathi Stimmer-Salzeder 1994

auf CD/MC "Jede Zeit hat ihre Lieder" RG8

106 Nimm Du meinen leisen Ton

Kathi Stimmer-Salzeder 1995

auf CD/MC "WIR MIT DIR" KS2

107 Richte uns auf

Kathi Stimmer-Salzeder 1994

2. Wenn die Wege endlos weiten,
niemand da, sie zu begleiten,
in der Angst vor Dunkelheiten, dann: Richte uns auf...

3. Wenn die Schatten alles decken,
böse Mächte uns erschrecken
und die Kälte in uns wecken, dann: Richte uns auf...

auf CD/MC "Jede Zeit hat ihre Lieder" RG8

108 Mein Platz in dieser Welt

Kathi Stimmer-Salzeder 1995

2. ...dann wieder wie ein Sommergarten, der uns so bunt und licht umfängt.
   Da geh' ich wie ein frohes Kind, dem alle Wege Heimat sind.

3. ...dann wieder kann ich ihn nicht füllen, so leer bleibt da der Raum um mich.
   In dieser Weite bin ich klein und manches lässt mich einsam sein.

4. Lass mich hier voll Vertrauen wohnen, an Deiner Liebe festgemacht,
   dass sie mich trägt und überdacht und diesen Platz zur Heimat macht.

Originaltonart: B-Dur (Gitarre: Capo 1. Bund)

109 Nach jeder Nacht ein neuer Morgen

Kathi Stimmer-Salzeder 1996

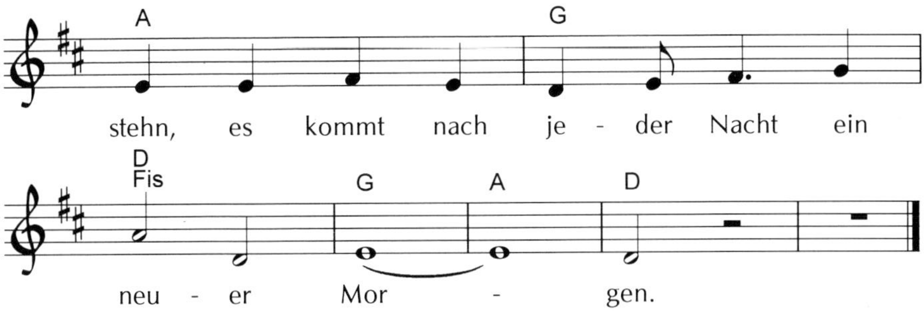

2. Die Sonne hat oft lange Zeit,
wo sie so müde scheint und weit,
da will dich Hunger fassen.
Du dringst durch all die Wolken nicht
und sehnst dich müd' nach warmem Licht,
kannst dich nicht froh sein lassen.

3. Gedanken bauen ihre Welt
und ob's dich quält, ob's dir gefällt,
du mußt mit ihnen wandern.
Dort, wo sie werden, halt' sie gut
und lehre ihnen weiten Mut
zum Licht - vor allem andern.

KV: Du darfst das Leben doch in größer'n Räumen sehn
und über deinen Sorgen weiten Herzens stehn,
es kommt nach jeder Nacht ein neuer Morgen!

110 Wie könnt' ich traurig sein

Kathi Stimmer-Salzeder 1999

2. Du hast mir fest und tief ins Herz gelegt,
dass jeder Tag Dich so wie mich bewegt,
dass Du die Liebe bist, die zu mir steht,
so wie mein Atem kommt und wie er geht.

3. An manchen Tagen gehe ich wie blind,
weil meines Herzens Augen trübe sind,
doch weil Du da bist, fürchte ich mich nicht,
denn immer wieder zeigst Du mir Dein Licht.

4. So kann ich geh'n und wieder fröhlich sein,
den Menschen zeigen Deinen hellen Schein,
mit einem Lachen, einem guten Wort.
So trag' Du Deine Liebe in mir fort!

Zwischenspiel

111 Alles geb ich Dir in die Hand

Kathi Stimmer-Salzeder 1998

2. Alles geb ich Dir in die Hand,
alles geb ich Dir in die Hand.
Manchmal ist mein Vertrauen so klein,
und will doch bei Dir sein.

3. Alles geb ich Dir in die Hand,
alles geb ich Dir in die Hand.
Manchmal, da ist mein Glaube so klein
und will doch bei Dir sein.

4. Alles geb ich Dir in die Hand,
alles geb ich Dir in die Hand.
Manchmal ist meine Liebe so klein
und will doch bei Dir sein.

112 Streif' doch die Trauer ab

T: Kathi Stimmer-Salzeder 1995
M: Stefan Starzer / KS 1995

Der besseren Spielbarkeit auf der Gitarre wegen in a-moll notiert.
Mit dem Capo (3. Bund) leicht in die Originaltonart c-moll transponierbar.

113 Langsam schickst Du wieder Grün in diese Welt

Ein Frühlingslied

Kathi Stimmer-Salzeder 1997

2. Langsam schickst Du wieder Grün in diese Welt
und ein weißes Blütenmeer.
Lange war mir alles stumm,
in mir ging der Hunger um,
doch jetzt sind die Tage nicht mehr leer.

3. Langsam schickst Du wieder Grün in diese Welt
Wo nimmst Du die Farben her?
Lange hab' ich sie vermisst,
dort, wo alles dunkel ist,
aber jetzt, Gott, trau're ich nicht mehr.

Bist du nicht überall?
Menschenglück – Menschenqual,
Finsternis – Licht und Glanz,
Taumel und Tanz.

Bist du nicht ganz und gar,
was da wird, ist und war –
Wintersturm, Blütenschnee,
Lachen und Weh?

Bist du nicht alles da,
Menschennein, Menschenja?
Frage du, Antwort du,
offen und zu.

Bist du nicht allezeit?
Mensch und Gott,
endlos weit,
Einsamkeit – dicht an dicht,
Durchbruch und freie Sicht.

KS 1994

Gott, Du

114 Bist Du nicht überall

Kathi Stimmer-Salzeder 1994

2. Bist Du nicht ganz und gar,
was da wird, ist und war -
Wintersturm, Blütenschnee,
Lachen und Weh?
Bist Du nicht allezeit?
Mensch und Gott, endlos weit,
Einsamkeit, dicht an dicht,
Durchbruch und freie Sicht!

Alleluja...

3. Bist Du nicht alles da,
Menschennein, Menschenja?
Frage Du, Antwort Du,
offen und zu.
Bist Du nicht allezeit?
Mensch und Gott, endlos weit,
Einsamkeit, dicht an dicht,
Durchbruch und freie Sicht!

Alleluja...

auf CD/MC "Jede Zeit hat ihre Lieder" RG8
Chorsatz im Notenheft "Jede Zeit hat ihre Lieder"

115 Im Sturm des Lebens

Vorspiel / Zwischenspiel *Kathi Stimmer-Salzeder 1998*

116 Du bist bei uns auf allen Wegen

Kathi Stimmer-Salzeder 1997

2. Du bist! - Ob wir auch leugnen, ob wir auch schweigen, wo wir nicht sehn.
Du bist Spannung und Leben, wenn wir es wagen, mit Dir zu gehn.

3. Du bist! - Offene Augen, offene Herzen kommen Dir nah.
Du bist! - Wo Liebe weit wird, wo sie den Weg sucht, dort bist Du da.

4. Du bist! - Du lässt Dich finden, unsere Seele, sie weiß um Dich.
Du bist! - Nähe und Ferne, Sehnsucht und Frieden begegnen sich.

117 In allem such' ich Dich

Kathi Stimmer-Salzeder 1997

2. Im Schwachen willst Du sein, im Schenken und Verzeihn.
Wo wir einander sehen, willst Du die Mitte sein.
Im Lachen bist Du nah, so wie ein gutes "Ja!"
und manchmal ist ein Friede so wie ein Wunder da.

3. Im Dunkel scheinst Du weit und in der Traurigkeit.
Die Not hat eigne Wege und ihre eigne Zeit.
Zeig Du mir Dein Gesicht, dann fürchte ich mich nicht.
Du bist ja doch in allem als Leben und als Licht.

4. In allem such' ich Dich und weiß es doch oft nicht,
es ist mein ganzes Leben ein Sehnen hin zum Licht.
Du liebst mich wie ich bin, gibst allem einen Sinn,
auch wenn ich oft nichts sehe und lauter Frage bin.

118 Alles Leben unter der Sonne

Kathi Stimmer-Salzeder 1999

 LB 99

119 An Dir mach ich mich fest

Kathi Stimmer-Salzeder 1997

120 Alles wächst zum Licht

Ruf

Kathi Stimmer-Salzeder 2000

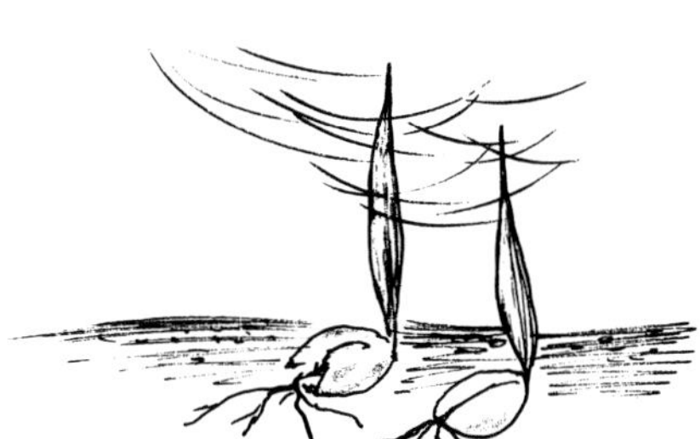

121 Fürchte dich nicht

Kathi Stimmer-Salzeder 1998

2. Jeden Tag neu geh' ich viele Schritte,
manche sicher, manche tastend wie ein Kind.
Jeden Tag neu trägst Du meine Bitte
um Gehaltensein, wo schwere Wege sind.

3. Jeden Tag neu such' ich Deine Weite
im Vertrauen, dass Du da bist, wächst mein Mut.
Jeden Tag neu stehst Du mir zur Seite,
wie ein Vater, der das beste für mich tut.

122 Mit Dir geh ich alle meine Wege

Kathi Stimmer-Salzeder 1998

1. Mit Dir geh ich al - le mei - ne We - ge,

mit Dir bin ich al - les, was ich bin:

En - ge, Wei - te, Nä - he, Licht und Dun - kel,

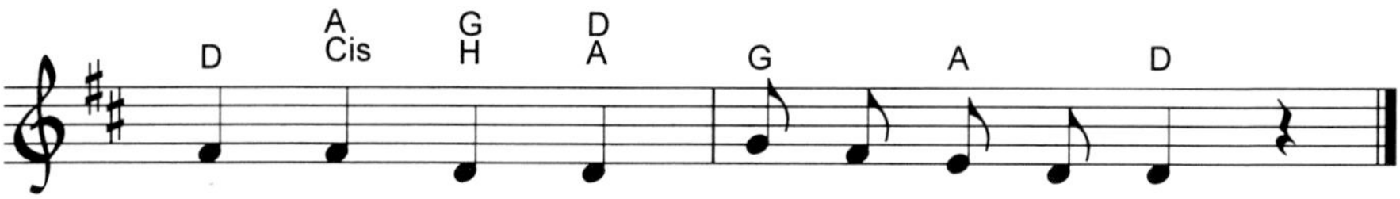

al - les, Va - ter, führt mich zu Dir hin.

2. Mit Dir geh ich alle meine Wege,
mit Dir wag' ich jeden neuen Schritt,
manchmal fragend und nur im Vertrauen:
Du bist da, gehst alle Wege mit.

3. Mit Dir geh ich alle meine Wege,
mit Dir nehm' ich jeden neuen Tag,
wie er kommt aus Deinen guten Händen,
denn Du gibst ihm, was er fassen mag.

4. Mit Dir geh ich alle meine Wege,
mit Dir sag' ich immer neu mein Ja.
Kann ja doch nicht anders, als Dich lieben,
bist Du mir mit Deinem Segen nah.

(Vor- und) Zwischenspiel

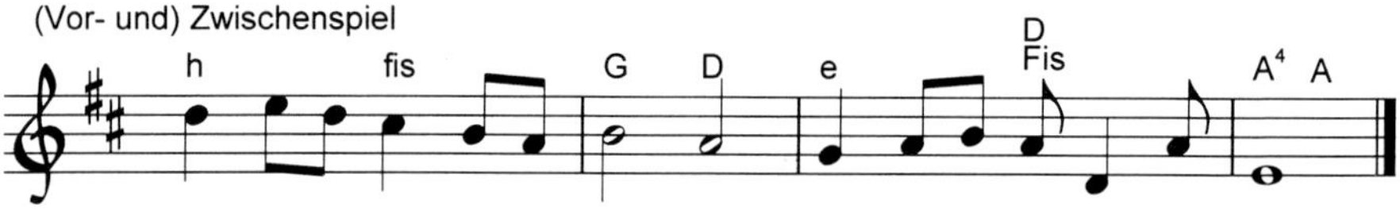

123 Bei jedem Schritt

Kathi Stimmer-Salzeder 1999

2. Bei jedem Schritt bist Du bei uns, so wie der Regen, der uns tränkt.
Bei jedem Schritt bist Du bei uns, so wie die Sonne, uns geschenkt.

3. Bei jedem Schritt bist Du bei uns, so wie der Atem, der uns not.
Bei jedem Schritt bist Du bei uns, so wie dem Hunger ein Stück Brot.

4. Bei jedem Schritt bist Du bei uns, so wie das Ziel, auf das wir schau'n,
bei jedem Schritt bist Du bei uns, so wie ein Wort, dem wir vertrau'n.

124 Look, I open my hands

Kathi Stimmer-Salzeder 1999

2. Give the peace of your love,
and I feel, only that is enough.

3. Give the joy of your love,
and I feel, only that is enough.

Taizé, am Ostersonntag, den 4. April 1999

auf CD/MC "WIR MIR DIR" KS2

 LB 99

125 Dir vertrau ich mich an

Kathi Stimmer-Salzeder 1999

2. Deine Hand macht mich weit,
dass ich gehn kann, dem vielen bereit.

3. Deine Hand ist mir treu
und mit Dir wag ich jeden Tag neu.

(deutsche Textfassung von "Look I open my hands"
Taizé Ostern 1999)

126 Du bist mein Lied

Kathi Stimmer-Salzeder 1996

2. Du bist mein Lied, Du hast es mir gegeben,
Du bist mein Lied, mein Suchen und mein Streben.
Du bist mein Lied, Du bist in meines Lebens Melodie
in all den Klängen, die mich drängen.

3. Du bist mein Lied, ich such' es in der Fülle,
Du bist mein Lied, es wird mir in der Stille.
Du bist mein Lied, Du bist in meines Lebens Melodie
soviele Schritte hin zur Mitte.

Zwischen- und Nachspiel

Originaltonart: F-Dur (Gitarre Capo 3. Bund)

127 Den Tag leg ich in Deine Hand

Kathi Stimmer-Salzeder 1999

2. Ich mach' Dir meine Hände weit,
nur mein Vertrau'n darin,
Du führst ja alle meine Zeit
zu Deiner Fülle hin.
Und weiß ich nicht um Weg und Ziel,
so geh ich auf Dein Wort,
denn auch in Not und Dunkelheit
hältst Du mich immerfort.

3. Und immer wieder stellst Du mir
an meinen Weg ein Licht.
So geh ich mit Dir Schritt für Schritt
und fürcht' das Morgen nicht.
Ich leg den Tag in Deine Hand
und alles, was da war,
denn Du machst, weil Du Liebe bist,
den Frieden in mir wahr.

Originaltonart F-Dur / Capo 3. Bund

 auf CD/MC "WIR MIT DIR" KS2

128 Wenn Du rufst

Mit Maria

Kathi Stimmer-Salzeder 1998

2. Wenn Du kommst im Sturmesbrausen,
das uns fast den Atem nimmt...

3. Wenn Du wie ein warmes Feuer
unsre starren Glieder löst...

4. Wenn in dunklen, blinden Zeiten
wir nicht sehen und verstehn...

5. Weil Du wie ein guter Vater
uns in Deiner Liebe birgst,
bleibt uns nur, das Ja zu sagen,
bleibt uns nur, den Weg zu wagen
immer zu Dir hin, immer zu Dir hin.

129 Aufgerichtet

Paulus

Kathi Stimmer-Salzeder 1996

2. Aufgerichtet,
ganz ausgerichtet auf eine neue Zeit.
Es drängt der Geist, er lässt nicht schweigen,
will allen diesen Glauben zeigen.

3. Aufgerichtet,
hinausgerichtet in diese weite Welt.
Die Liebe lebt, will Wege bauen,
macht offen, hilft einander trauen.

4. Aufgerichtet,
hineingerichtet in das, was Eines ist.
Zusammenstehn, mit Mut begegnen,
einander tragen, Du wirst segnen.

Nach Gedanken von Pfarrer Alfred Ebner,
St. Peter und Paul, Waldkirchen

130 Frag mich nicht

Text 1. Strophe: Edith Stein
Textweiterführung und Mel.: Kathi Stimmer-Salzeder 1998

2. All die Steine, Gott, in Deinen Händen
fügst Du liebevoll nach Deinem Sinn,
kann ich auch an meinem Platz nicht sehen,
wie ich Teil des großen Bildes bin.

3. Du kennst alle meine Kostbarkeiten,
weißt um meine Farben, meinen Glanz,
hältst mich auch in meinen dunklen Zeiten
und so ist in Dir mein Leben ganz.

Frag mich nicht nach meinen Sehnsuchtswegen,
bin in Deinem Mosaik ein Stein.
Wirst mich an die rechte Seite legen,
Deinen Händen bette ich mich ein.

Großartig
O rginell
T atenfroh
T raumhaft

D ankenswert
U ltrastark

B ezaubernd
I nteressant
S ympatisch
T olerant

Katharina (12 Jahre), Johannes (14 Jahre) u. a.

Familiensonntagnachmittag, Sommer 1999: Christian (18 Jahre) kommentiert begeistert ein Technikspielzeug: „Mensch, ist das ein cooles Teil!!!"
Ich schau ihn an und denk': „Wie würden Jugendliche heute ihre Begeisterung von Gott ausdrücken. Welche Worte haben sie dafür?" Und ich sammle ihre Ausdrücke und baue daraus das Lied „Gott, Du".
Es ist ein „Zeitlied" und wird wohl - schnell wie unsere Welt sich verändert - bald schon wieder „out" sein.
Trotzdem...

131 Gott, du

Kathi Stimmer-Salzeder 1999

3. Gott, du bist der stärkste Typ, den ich kenn'!
Schau, wie ich mich oft in was verrenn'.
Blick dann nicht mehr durch, alles regt mich auf,
doch irgendwie immer komm ich darauf:
Vergiss es, aber nicht mich,
ich lieb' dich, ich brauche dich.

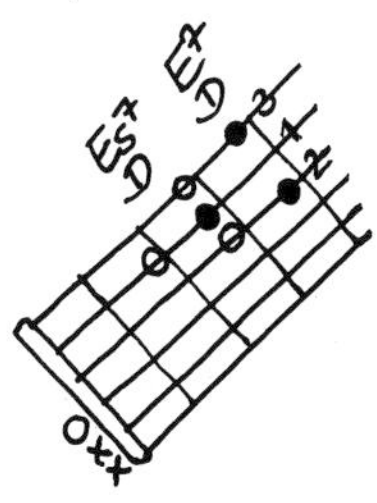

4. Gott, du bist der stärkste Typ, den ich weiß!
Manchmal mach ich Sachen, die sind heiß.
Gut oder bös? Ich steh einfach drauf -
doch irgendwie immer komm ich darauf:
Vergiss es - aber nicht mich,
ich lieb' dich, ich brauche dich!

 auf CD/MC "WIR MIT DIR" KS2

132 Die Tür zum Leben

Kathi Stimmer-Salzeder 1994

2. Gib Du, mein Gott, in meine Hand, was Segen gibt und Gutes wirkt.
Und aus der Stille gib mir Deine Kraft, die in uns Menschen Liebe schafft.

3. Leg' Du, mein Gott, in meinen Mund, was wärmen kann und hoffen lässt.
Und aus der Stille gib mir Deine Kraft, die in uns Menschen Liebe schafft.

4. Schenk Du, mein Gott, tief in mein Herz, was fest vertraut, sich hingibt ganz.
Und aus der Stille gib mir Deine Kraft, die in uns Menschen Liebe schafft.

Nach Gedanken zum Leben von Bruder Konrad von Parzham

Schatzsucher

133 Schätze sind versteckt

Kapodaster 2. Bund

Kathi Stimmer-Salzeder 1995

2. So ein Schatz, versteckt,
und von keinem noch entdeckt,
will von dir gehoben sein,
ganz allein!
So machst du dich auf,
zahlst so manchesmal darauf,
weißt oft nicht, wie's weitergeht -
Spur verweht.
Doch du gibst nicht auf,
nimmst so vieles mit in Kauf,
dass er endlich dir gehört.
Er ist alles wert.

3. Dieser eine Schatz
braucht auf einmal so viel Platz,
macht dich traurig, macht dich froh,
einfach so!
Manchmal scheint es ja,
als sei er zum Greifen nah,
doch kaum fasst du fest danach -
Leere, ach!
Doch du fängst neu an,
weil dein Herz nicht anders kann.
Deine Sehnsucht ist so groß,
nie lässt sie dich los.

Akkordbearbeitung: Stefan Starzer

134 Erzähle du mir, Samenkorn

T: Kathi Stimmer-Salzeder 1994
M: Theresia Stimmer-Hartinger 1994

G fis h
Dann drängt dein Keim ans Licht em - por und
G h A A4 A G A
schiebt die zar-ten Blät - ter vor. Aus wel-cher Kraft her-
D H Dis e e A D D
aus? Aus wel-cher Kraft her-aus? 3. Aus deinen Wurzeln
D4 D G A7 4 D
kommt dir Kraft, dich viel-fach zu ent - fal - ten,
D D4 D G
und du kannst wachsen groß und stark, weil sie dich si-cher
A4 A G fis h
hal - ten. Und dir wird Blü-te, dir wird Frucht, der
G h A A4 A G A
gan-ze Kreis des Le - bens, dem du dich hin-ge-
D H Dis e A7 4 D4 D
ge-ben hast, ver-schenkt, doch nicht ver-ge-bens!

auf CD/MC "Jede Zeit hat ihre Lieder" RG8
Instrumentalsatz im Notenheft "Jede Zeit hat ihre Lieder"

135 Kleine Blume Freiheit

Kathi Stimmer-Salzeder 1997

2. Kleine Blume Freiheit -
wie gewinn' ich dich?
Wollt' ich dich verstecken,
selbst nur zu entdecken,
würde blaß wohl dein Gesicht,
denn du brauchst das Licht.

3. Kleine Blume Freiheit,
wie gewinn ich dich?
Schau, ich will dich pflegen,
meine Hände regen.
Doch vergess' ich Maß und Ziel,
wird es dir zuviel.

4. Kleine Blume Freiheit -
du gehörst mir nicht.
Will mich an dir freuen,
nicht die Armut scheuen,
die dir dieses Leuchten schenkt,
das mich zu dir drängt.

5. Kleine Blume Freiheit -
wie komm' ich dir nah?
Mit dir blühen wagen
und den Winter tragen.
Will im Sterben mit dir gehn
und im Auferstehn.

 LB 99

136 Liebe Schwester Sonne

Kathi Stimmer-Salzeder 1999

2. Liebe Mutter Erde, wie hast du viele Kinder,
trägst auch meine Schritte auf deinem festen Grund.
Darf ich auf dir stehen und darf ich auf dir gehen,
komm' ich an kein Ende, denn du bist ganz und rund.

Dass ich mit dir singe dem Schöpfer aller Dinge,
schenk mir gute Hände, ein liebevolles Herz!

 LB 99

3. Lieber Bruder Atem, wie sehr ich aus dir lebe,
ob in Not und Enge, ob in der Freude Kraft.
Du lehrst mich das Leben im Nehmen und im Geben,
Trinken und Verströmen, damit es Segen schafft.

Dass ich mit dir singe dem Schöpfer aller Dinge,
Schenk' mir deine Tiefe, ein weites, freies Herz!

Originaltonart: F-Dur (Capo 3. Bund)

137 Wie er uns annimmt

Kathi Stimmer-Salzeder 1994

2. Wie er uns hernimmt, ich kann's nicht verstehn,
alles an uns, Leib und Seele.
Woll'n wir's machen wie er, so ganz zu ihm stehn,
mit allem an uns, Leib und Seele.

3. Was er von uns will, ich lern's nach und nach,
mit jedem Schritt wieder neu.
Woll'n wir's machen wie er, so ganz zu uns stehn,
mit allem an uns, Leib und Seele.

138 Wenn du spürst

Kathi Stimmer-Salzeder 1996/2000

2. Wenn du spürst, dass es Zeit ist zu hören, dann tu's.
Wenn du spürst, dass es Zeit ist zu stören, dann tu's.

3. Wenn du spürst, da ist offen zu sprechen, dann tu's.
Wenn du spürst, da ist Unrecht zu brechen, dann tu's.

4. Wenn du spürst, dass es gut ist, zu schweigen, dann tu's.
Wenn du spürst, du hast Liebes zu zeigen, dann tu's.

5. Wenn du spürst, dass es schwer ist, hab' Mut, gib nicht auf.
Wenn du spürst, dass du leer bist, sei gut, gib nicht auf.

Meinem Sohn Matthias

Gitarrengriffe: Capo 2. Bund:

a/C E7/H a d7 E a

d7 G7 Cmaj7 E7

a E7/H a/C a E4 E a

139 Wörtlich

Kathi Stimmer-Salzeder 1999

 LB 99

2. "Mensch, du bist nicht ganz sauber!" -
Ja, das bin ich auch nicht!
Und ich wills auch nicht sein, denn so absolut rein
könnt' ich gar nichts tun, als gelangweilt ruhn.
Lieber pack' ich an und ich lern' daran:
Leben heißt, dass sich in uns was tut.
Nicht ganz sauber sein, das ist gut,
das ist manchmal ganz gut!

3. "Mensch, du bist ja verrückt!" -
Ja, das will ich auch sein.
Nicht in Formen erstarrt, unbeweglich und hart.
Ich will offen sein und setz' alles ein,
wo ich Leben spür', dass ich's nicht verlier'.
Leben heißt, dass sich in uns was tut,
und ver-rückt sein, das ist gut,
das ist manchmal ganz gut!

140 Dein Ja sei ein Ja

Kathi Stimmer-Salzeder 1996

141 Du kannst

Kathi Stimmer-Salzeder 1997/2000

2. Du kannst dir viel Gedanken machen
und keiner führt dich an ein Ziel.
Du kannst dich hundertfach zerstreuen,
doch mehr als gut ist schon zuviel.
Du kannst die alten Schatten fliehen
und bist doch noch davon durchtränkt.
Du kannst die Lust in vielem suchen
und findest sie doch nur geschenkt.

3. Du kannst die Stimme lachen lassen
und doch - dein Herz weiß nichts davon.
Du kannst soviele Worte tauschen
und hörst doch nicht den einen Ton.
Du kannst dir manches Recht bejahen,
doch deine Seele macht nicht mit.
Du kannst dir große Ziele setzen
und krankst doch schon am ersten Schritt.

142 Wache Gedanken

Kathi Stimmer-Salzeder 1999

2. Mir ist's, als webtet ihr an einem Bild,
das stellt so viele Fragen.
Wieviel ist da zu sehn,
doch ihr könnt's nicht verstehn
und müsst es mit euch tragen.

3. Wache Gedanken zu schlafender Zeit,
ihr braucht nicht länger klagen:
Es hat doch jede Zeit
ihr eig'nes Narrenkleid,
drum dürft ihr lachen wagen.

(auch in H-Dur / Capo 2. Bund)

143 Lass los

Kathi Stimmer-Salzeder 1997

2. Lass los - wenn von der satten Zeit nur Hunger dir geblieben.
   Lass los - dort, wo du reich sein willst, musst du die Armut lieben.

3. Lass los - es wächst die Fröhlichkeit uns aus den freien Händen.
   Lass los - und du kannst überreich die Herzlichkeit verschwenden.

4. Lass los - gib deine Liebe ihm, der alles losgelassen.
   Lass los - wir können Gott ja nur erahnen, doch nicht fassen.

144 Wegweiser

Kathi Stimmer-Salzeder 1995/2000

D
Dmaj7
2. Weg - ge - fähr - ten, Mög - lich - kei - ten-
e7
e7 A
fremd o - der nah, ein Netz da - raus.
D
Dmaj7
Weg - ge - fähr - ten, Le - bens - zei - ten-
e7
Fis4
Fis
so o - der so auf dem Weg nach - haus'.

145 Jede Zeit hat ihre Lieder

Kathi Stimmer-Salzeder 1993

2. Sie sind wie ein Geflecht von Klang,
   wie Wellen, die an Herzen schlagen.
   Und bist du offen, lässt sie ein,
   so wird dein Leben bunter sein
   und manches kannst du leichter tragen.

3. Sie sind geborg'ne Phantasie
   uns auch aus längst vergang'nen Tagen.
   Und was in ihnen gültig war,
   ist oft für dich noch hell und klar,
   magst du es heut' auch anders sagen.

4. Sie sind Geheimnis und Geschenk,
   sind immer wieder neu geboren.
   Wo du sie hörst, wo du sie singst,
   wo du dich selbst zum Klingen bringst,
   geht dir der Atem nicht verloren.

auf CD/MC "Jede Zeit hat ihre Lieder" RG8

146 Ein Stück von deinem Weg mit uns

Kathi Stimmer-Salzeder 1997

 auf CD/MC "Wir mit DIR" KS2

KOMM,
HEUT KEHR' ICH EIN BEI DIR!

Jesus kam nach Jericho und ging durch die Stadt. Dort wohnte ein Mann namens Zachäus; er war der oberste Zollpächter und sehr reich.
Er wollte gern sehen, wer dieser Jesus sei, doch die Menschenmenge versperrte ihm die Sicht; denn er war klein.
Darum lief er voraus und stieg auf einen Baum, um Jesus zu sehen, der dort vorbei kommen musste.
Als Jesus an die Stelle kam, schaute er hinauf und sagte zu ihm: Zachäus, komm schnell herunter! Denn ich muss heute in deinem Haus zu Gast sein. Da stieg Zachäus schnell herunter und nahm Jesus freudig bei sich auf.
Als die Leute das sahen, empörten sie sich und sagten: Er ist bei einem Sünder eingekehrt! Zachäus aber wandte sich an den Herrn und sagte: Herr, die Hälfte meines Vermögens will ich den Armen geben, und wenn ich von jemandem zu viel gefordert habe, gebe ich ihm das Vierfache zurück. Da sagte Jesus: Heute ist diesem Haus das Heil geschenkt worden, weil auch dieser Mann ein Sohn Abrahams ist. Denn der Menschensohn ist gekommen, um zu suchen und zu retten, was verloren ist.

Lk 19, 1 - 10

Die Lieder Nr. 147 bis 157 sind Teil des biblischen Singspiels „SCHATZSUCHER".
Es versucht, sich hineinzufühlen in Zachäus und Maria von Magdala auf der Suche nach dem Schatz im Leben.

147 Mensch, ich seh nichts

Zachäus

Kathi Stimmer-Salzeder 1995

auf CD/MC "Schatzsucher" RG9
Instrumentalsatz im Notenheft "Schatzsucher"

Steig' auf den Baum
und suche deinen Traum mit aller Kraft!
Setz' dich ein
und denk' nicht mutlos:
Ach, ich bin zu klein!
Du bist groß,
machst du dich nur aus deiner Enge los!

148 Komm, heut kehr ich ein bei dir

Kathi Stimmer-Salzeder 1995/96

2. Komm, heut kehr ich ein bei dir,
   komm und mach mir auf die Tür!
   Wir wolln uns anschauen und uns anvertrauen
   eine Zeit kurz, eine Zeit lang, die lebendig macht.

3. Komm, heut kehr ich ein bei dir,
   komm und mach mir auf die Tür!
   Wir wolln uns beschenken, füreinander denken
   eine Zeit kurz, eine Zeit lang, die lebendig macht.

4. Komm, heut kehr ich ein bei dir,
   komm und mach mir auf die Tür!
   Weit wird da das Leben, wo wir Wärme geben
   eine Zeit kurz, eine Zeit lang, die lebendig macht.

auf CD/MC "Schatzsucher" RG 9
Chor- und Instrumentalsatz im Notenheft "Schatzsucher"

149 Zwischendrin

Kathi Stimmer-Salzeder 1996

auf CD/MC "Schatzsucher" RG9
Chor und Instrumentalsatz im Notenheft "Schatzsucher"

150 Doch jetzt

Kathi Stimmer-Salzeder 1996

2. Ich war wie blind, hab' mich verkannt,
ich hab' mich ganz und gar verrannt...

3. Das Böse war so stark in mir,
ich hab' gelebt in meiner Gier...

4. Die Seele hab' ich ganz verdrängt,
mein Herz an Geld und Macht gehängt....

5. Es hat mich nichts mehr angerührt,
hab' keine Liebe mehr gespürt...

auf CD/MC "Schatzsucher" RG 9
Chor- und Instrumentalsatz im Notenheft "Schatzsucher"

151 Schatzsucher will ich sein

Kathi Stimmer-Salzeder 1996

2. Ich will Vertrauen gewinnen und Sicherheit
und ich will spüren tief drinnen Geborgenheit.

3. Ich will die Vielfalt erfragen, die offen macht
und will Verantwortung tragen, behutsam, sacht.

4. Ich will den Mut in mir hegen, die Liebe sehn.
Du, Herr, gib mir Deinen Segen, so will ich gehn.

auf CD/MC "Schatzsucher" RG9
Chor-und Instrumentalsatz im Notenheft "Schatzsucher"

ICH WILL ZU IHM GEHN

In der folgenden Zeit wanderte Jesus von Stadt zu Stadt und von Dorf zu Dorf und verkündete das Evangelium vom Reich Gottes. Die Zwölf begleiteten ihn, außerdem einige Frauen, die er von bösen Geistern und von Krankheiten geheilt hatte.
Unter ihnen war Maria von Magdala, aus der sieben Dämonen ausgefahren waren. Sie und die anderen Frauen unterstützten Jesus mit dem, was sie besaßen.

Nach Lk 8, 1 - 3

152 Alle Worte schon gesagt

Kathi Stimmer-Salzeder 1995

2. Alle Ängste bloßgelegt, soviel Suche angeregt - dreht sich alles...
   Jede Richtung ausgeschaut, soviel Pläne aufgebaut - ...

3. Alle Töne schon gespielt, soviel Klänge schon gefühlt - dreht sich alles...
   Jede Stimmung schon erlebt, jedes Muster schon gewebt - ...

Instrumentalstimme: Stefan Starzer

auf CD/MC "Schatzsucher" RG9

153 Es gehört dir nichts

Capo 2. Bund

Kathi Stimmer-Salzeder 1995

Instrumentalstimmen: Stefan Starzer

Gitarrengrifftabelle:

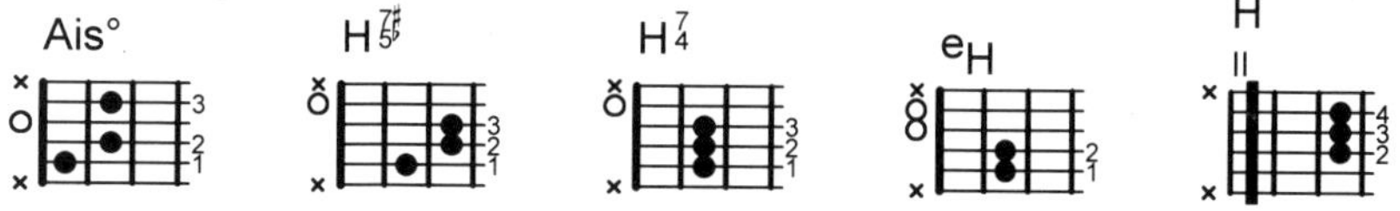

auf CD/MC "Schatzsucher" RG 9

154 Ich will zu ihm gehn

Kathi Stimmer-Salzeder 1996

auf CD/MC "Schatzsucher" RG9

Die Lieder Nr. 147 bis 157 sind Teil des biblischen Singspiels SCHATZSUCHER (Zachäus und Maria von Magdala).
Chor- und Instrumentalsätze dazu sind in einem eigenen Notenheft erschienen. (Bestell-Nr. RG 9 NH)

155 Schau mich an

Kathi Stimmer-Salzeder 1996

2. Gib mir Zeit, ist doch der Weg so weit,
muss ihn behutsam wagen.
Mach mich fest, wo Du Dich spüren lässt,
weiß ich, Du wirst mich tragen.

3. Sei mir nah, dann sag' ich Dir mein Ja,
ergeb' mich voll Vertrauen.
Liebe schenkt, sie heilt, was lähmt und kränkt
und hilft am Leben bauen.

Zwischen- und Nachspiel

156 Wer da ohne Schuld ist

Kathi Stimmer-Salzeder 1996

Vorspiel

2. Wer der Not vertraut ist, stell' sich hinter dich,
wer die Last erfahren, der erbarme sich.

3. Wer sich selbst im Weg steht, geb' sich einen Stoß,
wer sich seiner Fesseln quält, mach' sich mutig los.

4. Liebe ist geduldig, sie gibt keinen auf,
sie spricht dich nicht schuldig, baue fest darauf.

Zwischenspiel

zu Joh 8, 2 - 11

auf CD/MC "Schatzsucher" RG9

Wie das ist,
wenn da jemand ist,
der dich annimmt,
wie du bist.

Wie das ist,
wenn die Seele weint
und sie findet einen Freund:
Offen
für all die Klagen,
offen
für all die Fragen.

Wie das ist?

157 Wie das ist

Kathi Stimmer-Salzeder 1996

2. Wie das ist, wenn dir jemand traut
und mit dir ins Weite schaut.
Wie das ist, wenn der Glaube heilt,
weil ein Mensch ihn mit dir teilt,
offen, dich anzuhören,
offen, dich aufzustören.
Wie das ist, wie das ist?

3. Wie das ist, wenn dir jemand sagt,
dass er Neues mit dir wagt.
Wie das ist, wenn die Seele singt,
weil der Friede in ihr klingt,
offen, Gutes zu denken,
offen, sich zu verschenken.
Wie das ist, wie das ist?

auf CD/MC "Schatzsucher" RG9
Chor- und Instrumentalsatz im Notenheft "Schatzsucher"

Gitarrengrifftabelle:

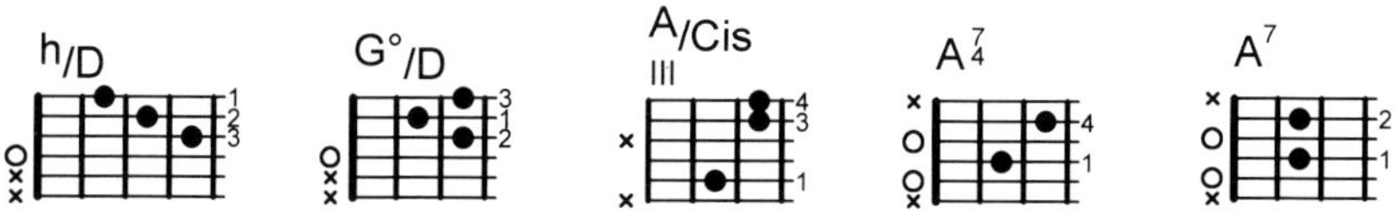

Manchmal
fang' ich mit dir
ein Stück Leben ein

158 Ist das Schweigen voller Wege?

Kathi Stimmer-Salzeder 1995

2. Schöpfen, was die Hände fassen,
auf der Seele Gipfel gehn,
sich gefunden - frei zu lassen,
immer wieder neu verstehn:
Nah und fremd bist du in einem
und so kennt dich nun mein Herz,
liebt das Lachen, teilt das Weinen
und die Nähe heilt den Schmerz.
Wenn sich unsre Wege finden,
sieht die Welt wie Heimat aus,
sind wir - ohne festzubinden -
eins dem andern ein Zuhaus'.

159 Manchmal fang ich mit dir ein Stück Leben ein

Kathi Stimmer-Salzeder 1998

2. Manchmal steig' ich mit dir über jenen Zaun,
den wir Menschen bau'n, nicht zu tief zu schau'n
und ich fürchte mich nicht, kommst du mir auch nah,
denn da ist mein Ja zu dir.

3. Manchmal halte ich dir meine Hände hin,
spür' mit jedem Sinn das Vertrau'n darin,
denn ein Weg ist gebaut, wie ein Wunder da,
und ich glaub' dein Ja zu mir.

Vor- und Zwischenspiel *(nach der 2. Str.)*

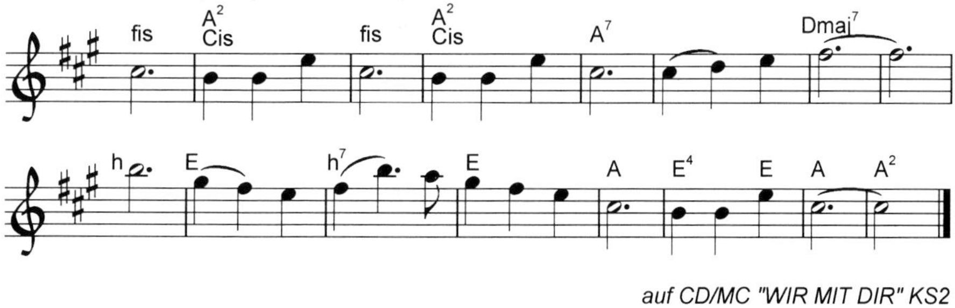

auf CD/MC "WIR MIT DIR" KS2

160 Du, eine Farbe ins Leben

Kathi Stimmer-Salzeder 2000

2. Du, eine Farbe ins Leben, du, eine Farbe voll Glanz,
ohne dich würd' es nicht geben, diese Farbe voll Glanz.
Wie das Meer fängt den Himmel ein,
wie es trägt seinen weiten Schein,
bist du Farbe ins Leben, Farbe voll Glanz.

3. Du, eine Farbe ins Leben, du, eine Farbe voll Kraft,
ohne dich würd' es nicht geben, diese Farbe voll Kraft.
Wie ein Ton, der die Seele rührt,
dass sie all ihre Tiefe spürt,
bist du Farbe ins Leben, Farbe voll Kraft.

161 Wie eine Antwort

Kathi Stimmer-Salzeder 2000

2. Wie eine Antwort manchmal ein fester Blick,
wie eine Antwort manchmal - hält nichts zurück.
Da spürt das Leben, wo es Wurzeln hat
und trinkt sich dort an seiner Quelle satt,
denn unsre Seele ist dabei...

3. Wie eine Antwort manchmal ein warmer Ton,
wie ein Antwort manchmal der Klang davon,
der im Erinnern noch zur Ruhe bringt,
und leis' in unserm Leben weitersingt,
denn unsre Seele ist dabei...

Gitarrengrifftabelle:

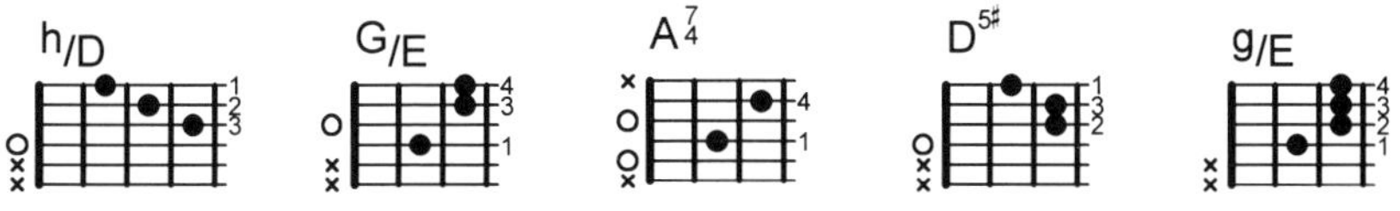

162 Geträumt

T: Kathi Stimmer-Salzeder 1994
M: Stefan Starzer 1993

Der Kleine Prinz zur Rose

Die Sonne leuchtet aus dir - das macht mich froh.
Und all die Wärme bei dir - die mag ich so!
Die Farben haben mehr Licht.
Warum? Das frage ich nicht,
ich nehm' es an, wie es kommt.

Der Regen ist mir vertraut - er hüllt mich ein.
Was keinen Halt finden kann, darf traurig sein.
Es ist ein stilles Geschenk,
das ich zu Ende nie denk'.
Ich nehm' es an, wie es kommt.

Die Sonne leuchtet aus dir...

KS 1995

163 Kleine Insel Zärtlichkeit

Kathi Stimmer-Salzeder 1998

2. Kleine Insel Zärtlichkeit,
wie ein neuer Morgen,
der dir eine Heimat schenkt,
Gott hält dich geborgen
und du spürst ihn als Lebendigkeit,
und du spürst ihn als erfüllte Zeit.

3. Kleine Insel Zärtlichkeit,
tiefes Meer Vertrauen -
Komm, du darfst in Gottes Licht
in die Weite schauen
und du spürst ihn als Geborgenheit,
und du spürst ihn als erfüllte Zeit.

(Die letzte Melodiezeile auch eine Oktave höher.)

164 Die Seele lebt

Kathi Stimmer-Salzeder 1994

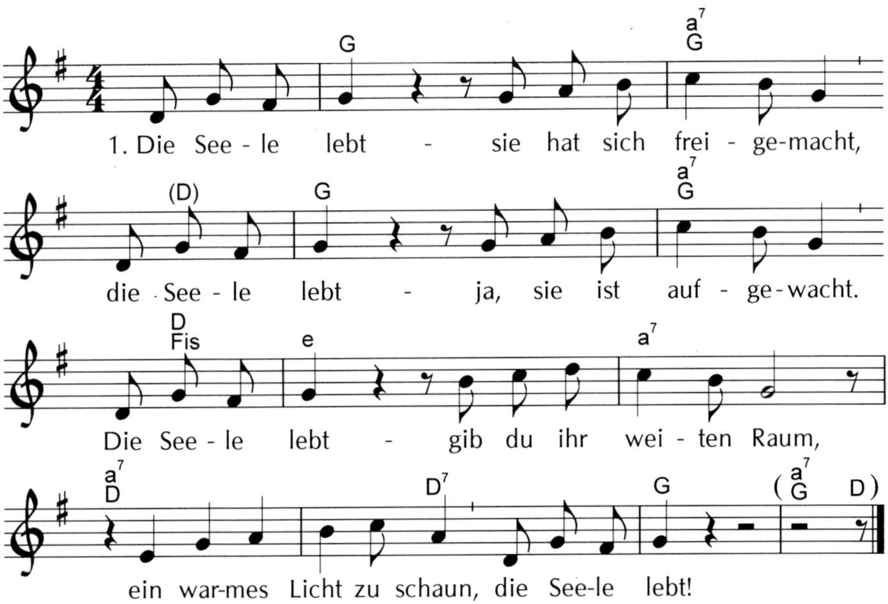

2. Die Seele lebt - sie hat ihr Leuchten noch,
die Seele lebt - ja, komm, du spürst sie doch.
Die Seele lebt - sie singt ein Lied in dir,
schenk' du die Stimme ihr, die Seele lebt!

3. Die Seele lebt - sie spannt die Flügel aus,
die Seele lebt - und sie fliegt hoch hinauf.
Die Seele lebt - sie ahnt, das Ziel ist fern
und doch, sie sucht es gern, die Seele lebt!

4. Die Seele lebt - sie gibt sich ganz und gar,
die Seele lebt - und so wird Schöpfung wahr.
Die Seele lebt - sie atmet Gottes Glanz,
wiegt sich vor ihm im Tanz, die Seele lebt!

auf CD/MC "Jede Zeit hat ihre Lieder" RG8
Chor- und Instrumentalsatz im Notenheft "Jede Zeit hat ihre Lieder"

165 Sagen, was wir denken

Kathi Stimmer-Salzeder 1999

2. Haben, was wir geben,
schlicht und einfach leben,
wahr sein füreinander,
Gott ist unter uns.
Starre Formen weiten
hin zu Friedenszeiten -
Himmel für die Seele,
Gott ist unter uns.

3. Uns im Leiden tragen,
uns zu trösten wagen,
wahr sein füreinander,
Gott ist unter uns.
Uns mit Mut begegnen,
in der Freude segnen -
Himmel für die Seele,
Gott ist unter uns.

auf CD/MC "Wir mit Dir" KS2

166 Hätt' ich die Liebe nicht

Kathi Stimmer-Salzeder 1996

2. Wär' auch mein Wort in aller Mund, doch liebelos gesagt,
es hätte keinen wahren Grund, dass es sich weiterwagt.
Und wär' mein Wesen ohne Scheu und fesselnd mein Gesicht,
es bliebe doch kein Herz mir treu, hätt' ich die Liebe nicht.

3. Könnt' ich in Menschenherzen sehn und lesen ihren Gang,
könnt' ich den Lauf der Welt verstehn und steuern ihren Drang.
Wär's mein's, zu legen eine Spur, und säß' ich zu Gericht -
es bliebe mir das Schweigen nur, hätt' ich die Liebe nicht.

4. Es ist der Glaube, der uns trägt, die Hoffnung, die uns führt,
es ist die Liebe, die uns prägt, mit Leben uns berührt.
Doch hätt' die Hoffnung hartes Spiel, der Glaube keine Sicht,
es gäbe kein erfülltes Ziel, wär' uns die Liebe nicht.

 LB 99

167 Wir sind einander weites Land

Kathi Stimmer-Salzeder 1996

2. Wir sind einander weites Land,
wie halten eins des andern Hand
und suchen, was uns Heimat ist.
Wir sind uns fern, wir sind uns nah,
so vielfach füreinander da,
ein Ja, das unser Leben prägt.

Es ist ein Wagnis, sich so aufzutun,
und doch - nur so kann unsre Seele ruhn.

Denn ineinander sind wir reich
und über alles Fremdsein gleich.
Das ist das Wunder, das uns trägt.

168 Sich ganz verstehn

Kathi Stimmer-Salzeder 1999

2. Sich ganz verstehn, das heißt, das Ziel zu sehn,
wohin wir alle gehn, voll Sehnen, eins zu sein.
In ungeteilter Zeit wird alles ganz und weit
für seine unfassbare Liebe unter uns.

169 Angekommen

Kathi Stimmer-Salzeder 1997

2. Angekommen..
Helle Zeit, nah und weit,
und so viel Lebendigkeit.
So ist gut zu sein...

3. Angekommen...
Weitergehn, weiter sehn,
manches ahnen, neu verstehn.
So ist gut zu sein...

Begleitrhythmus:

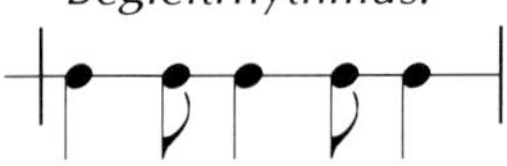

170 Manchmal braucht es keine Worte

Kathi Stimmer-Salzeder 1995

2. Manchmal braucht es keine Worte, wenn die Hände sich verstehn,
wenn sie eine Brücke schlagen, kann die Seele darauf gehn.
Tasten, suchen, Nähe wagen, Starres, Krankes leis berühr'n,
Frohes mutig weitersagen und so voll Vertrauen spür'n.

3. Manchmal braucht es keine Worte, wenn die Töne sich versteh'n,
wenn sie eine Brücke bauen, kann die Seele darauf gehn.
Klagen von der Not des Lebens, singen voller Licht und Glanz,
laut und leis, in vielen Farben und nur in der Liebe ganz.

auf CD/MC "Schatzsucher" RG 9

Chor- und Instrumentalsatz: Bestell-Nr. 4G03

171 So will ich mit dir gehn

Kathi Stimmer-Salzeder 1997

2. Er trägt dich nicht, der Schein, du mußt du selber sein,
denn grade das zieht mich doch so zu dir.
So will ich mit dir gehn, so will ich dich verstehn
mit diesem Stück weit Raum von dir zu mir.

3. Wer da vom Brunnen trinkt und nicht darin versinkt,
dem öffnet sich zum Leben eine Tür.
So will ich mit dir gehn, so will ich dich verstehn
mit diesem Stück weit Raum von dir zu mir.

4. Geh du nicht auf in mir, so find' ich Halt bei dir
und unser Reichtum ist ein weites "Wir".
So will ich mit dir gehn, so will ich dich verstehn
mit diesem Stück weit Raum von dir zu mir.

172 Das ganze, volle Leben

Kathi Stimmer-Salzeder 1999

2. Das ganze, tiefe Leben mit Dir, mit Dir,
am Hoffnungsteppich weben - das brauchen wir.
Wir gehen zueinander, das Ferne kommt uns nah
und wo wir uns begegnen ist Gottes Wärme da.

3. Das ganze, weite Leben mit Dir, mit Dir,
nach festen Zielen streben - das brauchen wir.
Wir schauen miteinander wohin das Herz uns treibt
und geben, was wir können, weil nur die Liebe bleibt.

4. Das ganze, liebe Leben mit Dir, mit Dir,
das Herz zum Himmel heben - das brauchen wir.
Wir bauen aufeinander, bringt jeder Seines ein.
In Gottes guten Händen darf alles Same sein.

173 Liebe ist ein starkes Band

Kathi Stimmer-Salzeder 1995

Vorspiel

2. Liebe sucht sich ihren Weg, Liebe macht Gedanken reg',
stellt sich allen Fragen.
Liebe zündet Phantasie, Liebe baut an Harmonie,
will ihr alles wagen.

3. Liebe macht die Türen weit, Liebe wandelt Raum und Zeit,
will sich reich verschwenden.
Liebe senkt sich in die Not, Liebe ist das Lebensbrot,
Gott, aus Deinen Händen.

Zwischen- und Nachspiel

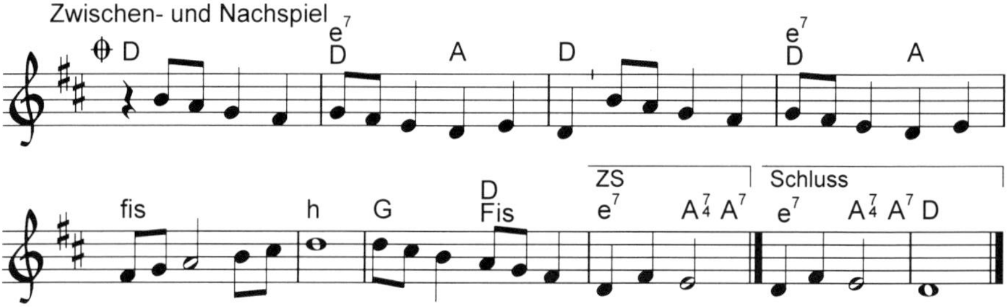

Zwischenspiel: Stefan Starzer

174 Einander zu segnen

Kathi Stimmer-Salzeder 1997

2. Brot brechen und teilen - bewege uns Du.
Einander zu heilen, belebe uns Du, vor Dir sind wir eins...
Uns neu zu bekehren, bewege uns Du,
dem Unrecht zu wehren, belebe uns Du, vor Dir sind wir eins...

3. Mit Mut uns zu tragen, bewege uns Du,
uns Gutes zu sagen, belebe uns Du, vor Dir sind wir eins...
Dem Frieden zu leben, bewege uns Du,
uns Wärme zu geben, belebe uns Du, vor Dir sind wir eins...

Vor- und Zwischenspiel

175 Ein DU für andre Menschen sein

Kathi Stimmer-Salzeder 1999

2. "Sag, ist das recht, sag, ist das schlecht?
Wo bin ich frei, wo bin ich Knecht,
wo ist ein Weg, zu gehen?"
Da ist ein Ohr, das wirklich hört,
ein Herz, dem nichts die Wärme stört
zum gütigen Verstehen.

3. Und kann auch kein Verstehen sein,
so schließt die Liebe alles ein,
was ohne Heimat wäre.
Wo eine Hand die andre hält,
da wächst ein Friede in der Welt
und nimmt uns unsre Schwere.

(Am Nikolaustag 1999)

176 Von der Freude

Glückwunschlied zur Hochzeit

Kathi Stimmer-Salzeder 1996

erdreich -
himmelreich

erdreich - himmelreich

ist ein Hineinfühlen
in zwei Menschen,
die vor langer Zeit gelebt haben:
Dorothee und Klaus von Flüe.

Es ist 15. Jahrhundert,
die beiden sind angesehene Bauersleute in der Schweiz.
Eine Welt mit ganz anderen Voraussetzungen,
ganz anderen Lebensbedingungen.
Doch es gibt Berührungspunkte:
Das Einandersuchen,
das Miteinanderleben,
das Sichzurechtfinden in der Welt,
das Mitmachen oder sich Heraushalten,
die Freude am Leben
und das Leid.
Woher es kommt?
Und warum manchmal Wege
so ganz anders führen,
als wir es uns erträumen?

Klaus hat den Ruf Gottes so stark gespürt,
dass er mit 50 Jahren seine große Familie verlassen hat,
um ganz für ihn zu leben.
Und Dorothee?
Sie hat Klaus freigegeben.

Nach langen inneren Kämpfen
hat er gar nicht weit von seinem Hof
eine Klause gebaut und hat dort 20 Jahre gewirkt.
Unzähligen Menschen
ist er zum Berater und Helfer geworden.
Ein Bruder zum Frieden.

177 Geh' auf, mein Sam'

Kathi Stimmer-Salzeder 1999

2. Gott gibt ja allem seine Zeit,
gibt Ruhe und Geborgenheit
und Zeit, sich abzumühen.
Es streckt sich alles nach ihm aus
und zieht all seine Kraft daraus,
vor ihm, vor ihm zu blühen.

3. Geh' auf, mein Sam', geh' auf, mein Sam',
das Leben ruht in dir schon lang,
will sich in dir erheben.
Es kommt das Leid und bricht dich auf,
die Freude lockt dich hoch hinauf,
musst dich in alles geben.

178 Die Erde trägt

Kathi Stimmer-Salzeder 1999

2. Der Himmel hält, der Himmel fällt
und wir sind Leib und Seele.
Himmelreich - menschengleich -
Liebe sucht das Leben.
Himmelreich - menschengleich -
suchts in Dir und mir.

3. Zur Erde stehn, im Himmel gehn,
Gott ist uns nah in allem.
Erdreich - himmelreich,
Liebe schenkt das Leben,
erdreich - himmelreich,
schenkt es dir und mir.

4. Der Weg ist weit, braucht seine Zeit,
wir gehn ihn bis zum Ende.
Erdreich - himmelreich,
Gott füllt uns die Hände,
erdreich - himmelreich,
füllt sie dir und mir.

179 So miteinander

Kathi Stimmer-Salzeder 1999

2. So miteinander sucht das Leben seinen Sinn,
so miteinander, da ist wirklich alles drin.
Drum setz' dein Herz und deine Hände ein,
so miteinander da zu sein.

So miteinander passt nicht alles und es reibt,
so miteinander - wenn uns nur die Liebe bleibt.
Drum setz' dein Herz und deine Hände ein,
so miteinander da zu sein.

Originaltonart: F-Dur (Capo 3. Bund)

180 Einer in unsrer Mitte

Kathi Stimmer-Salzeder 1999

2. Einer in unsrer Mitte steht jede Kränkung aus,
trägt die Last in Liebe. Drum sind wir hier zuhaus.

3. Einer in unsrer Mitte teilt seinen Segen aus
ganz in unsre Hände. Drum sind wir hier zuhaus.

Zwischenspiel

181 Wie wir leben

Kathi Stimmer-Salzeder 1999

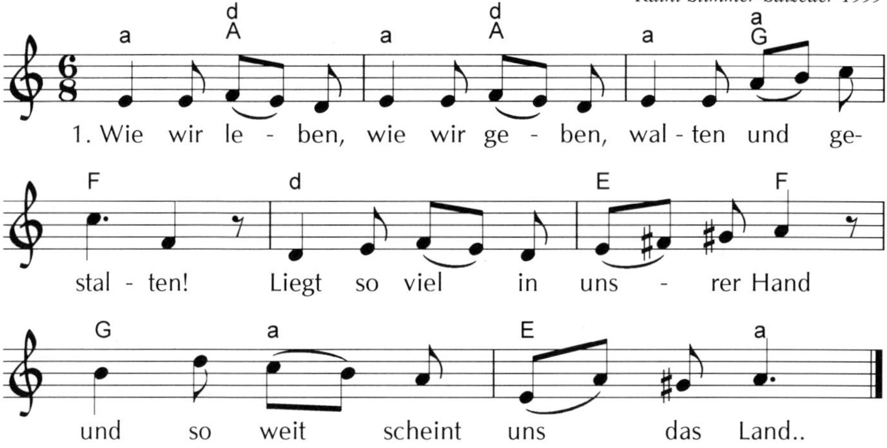

2. Wie wir säen, wie wir mähen,
sparen und bewahren!
Liegt soviel in unsrer Hand
und so weit scheint uns das Land.

3. Wie wir rechten, wie wir knechten,
leiten und auch streiten!
Liegt soviel in unsrer Hand
und so weit scheint uns das Land.

4. Wie wir kriegen, wie wir siegen,
nützen und beschützen!
Liegt soviel in unsrer Hand
und so weit scheint uns das Land.

(Melodie nach einem Motiv von Stefan Starzer)

 LB 99

182 Wieder ein Lachen

Kathi Stimmer-Salzeder 2000

183 Du bist so sehr in meiner Seele

Kathi Stimmer-Salzeder 1999

2. Du bist so sehr in meiner Seele,
die Tage haben ihren Gang durch dich.
Es muss das Wasser immer fließen
und in der Fülle sich ergießen -
so spür' ich dich.

3. Du bist so sehr in meiner Seele,
die Tage haben ihren Drang durch dich.
Und meine Arme wolln dich fassen,
dich halten und nicht von mir lassen -
Du machst mich ganz.

Zwischen- und Nachspiel

 LB 99

184 Von all den Dingen, die uns treiben

Kathi Stimmer-Salzeder 1996

2. Der Baum lässt seine müden Blätter fallen,
ganz leise trennt er sich von ihnen allen
und bleibt ihm auch manch eines länger noch,
der Winter kommt und nimmt es doch. KV 1

3. Den Vogel hat die Sehnsucht fortgetragen,
er muss der Sonne seine Lieder sagen.
So gibt er alle Heimat dafür auf
und gibt sich ganz dem ewig gleichen Lauf.

185 Wenn du nicht so kannst, wie du willst

Kathi Stimmer-Salzeder 1997

2. Wenn du hungerst, wo du alles hast,
weil doch nichts mehr zueinanderpasst.
Wenn du dort verletzst, wo du doch liebst,
weil du das Notwendige nicht gibst...

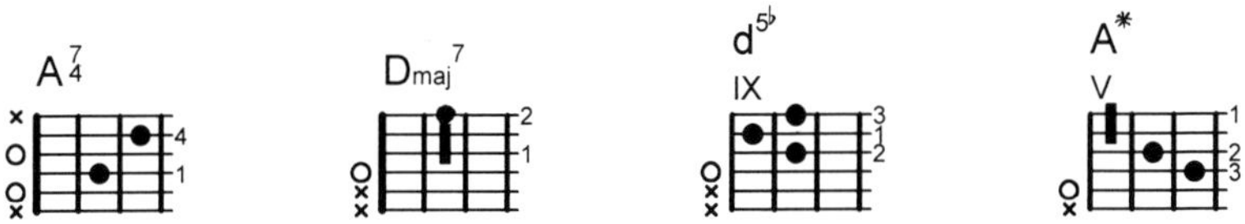

 LB 99

186 Mein Herr und mein Gott

T: nach dem Gebet von Bruder Klaus
M: Kathi Stimmer-Salzeder 1999

2. Mein Herr und mein Gott, gib Du mir,
was mich fördert zu Dir, gib Du es mir.
Und was es auch sei, mir noch so fern,
von Dir nehm ich es gern.

3. Mein Herr und mein Gott, nimm mich mir,
gib zu eigen mich Dir, gib Du mich Dir.
Mein Herr und mein Gott, nimm mich mir,
gib zu eigen mich Dir!

Vor- und Zwischenspiel

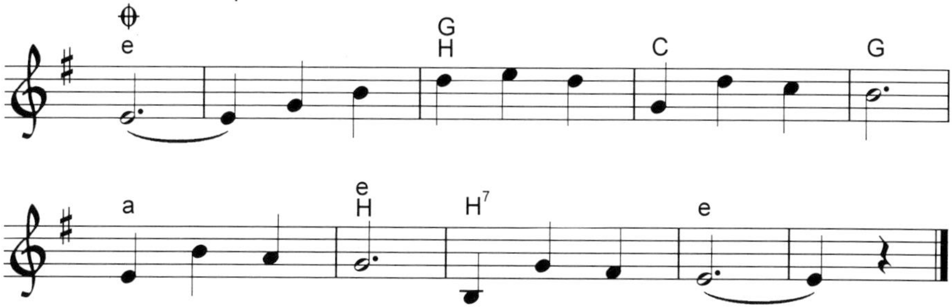

Loslassen
nicht festhalten,
die Hände öffnen
und das Herz.

Frei lassen,
was Freiheit sucht,
so sehr sucht,
dass alles andere
nur Sterben bedeuten würde.

Zulassen,
dass etwas zu Ende geht,
anders geht,
als ich es mir erträumt hab'.

Offen lassen
den Weg zum Leben,
der sich auftut,
dem,
der loslassen kann.

187 Loslassen

Dorothee:

Kathi Stimmer-Salzeder 1999

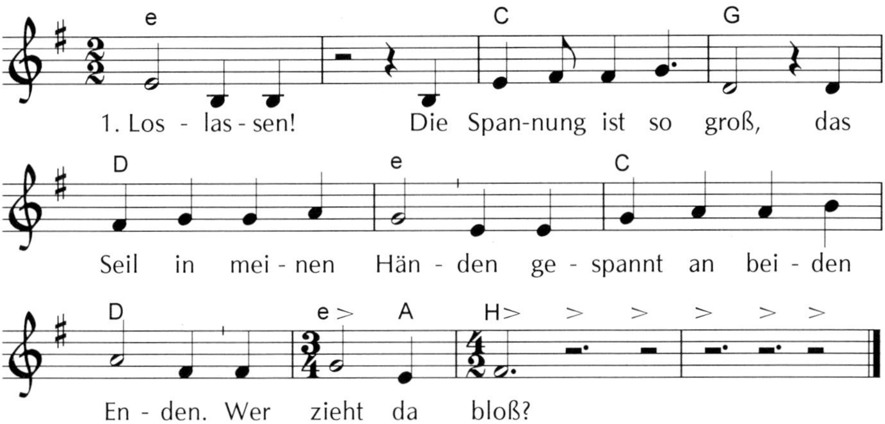

2. Loslassen?
   Ich poche auf mein Recht,
   zieh fest auf meine Seite,
   auch wenn ich Schmerz bereite
   und fühl' mich schlecht.

3. Loslassen -
   fällt's mir auch noch so schwer.
   Doch was so fest gehalten,
   das kann sich nicht entfalten
   und lebt nicht mehr.

4. Loslassen!
   Auch wenn das Band zerreißt.
   Es soll zur Ruhe finden,
   den Knoten neu zu binden,
   der Frieden heißt.

In den letzten beiden Takten:
Begleitrhythmus mit Schwerpunkt auf Zählzeit 1, 4 und 7.

Die letzte Strophe ruhiger, rezitierend.

188 Zu Ende (1)

Kathi Stimmer-Salzeder 1999

2. Zu Ende - am Ende.
Wo bist Du, Gott? Schau meine leeren Hände,
wie sie vom Kämpfen müde sind
und hilflos, wenn ich Dich nicht find'.

3. Zu Ende - am Ende.
Wo bist Du Gott? Schau meine leeren Hände.
Ich halte sie Dir einfach hin,
nur mein Vertrauen noch darin.

189 Zu Ende (2)

Kathi Stimmer-Salzeder 1999

2. Zu Ende - am Ende?
Ich bin bei dir, lass mir die leeren Hände.
Mir ist, sie sind ein guter Raum
für mich und meinen Menschentraum.

3. Zu Ende - am Ende?
Ich liebe dich, komm gib mir deine Hände.
Du kannst es, denn jetzt sind sie frei
für dich und jeden Menschen neu.

Wirklich
Abschied nehmen
kannst du
nur
im Guten.

190 a Du hast mir soviel aufgeschlossen

Kathi Stimmer-Salzeder 1999

2. Inzwischen bist du fortgegangen,
hast nicht gefragt, ob dir mein Herz wohl folgen mag.
Ist's nicht dein Weg, dich frei in jeden Tag zu schenken,
und nur nach vorn und nicht zurück zu denken -
ich nehm' es hin.

3. Nun lass mich aufstehn, Abschied nehmen,
es darf mein Herz nicht bleiben, wo nicht Heimat ist.
Und weil ich ahne, dass nur Eines uns verbindet,
dass nur die Armut unsre Grenzen überwindet,
geh ich dorthin.

CODA:
Du hast mir soviel aufgeschlossen,
ganz neue Wege hat dein Herz mir aufgetan.

190 b Dein gutes Wort

Kathi Stimmer-Salzeder 2000

Gitarre: Capo 1. Bund

Akkorde: A A4/2 A fis E4 E A fis cis D cis h D H/Dis E4 E

191 Friede

Kathi Stimmer-Salzeder 1999/2000

Aufeinander hören,
schauen, was jeder braucht,
den Schwachen nicht übergehen,
sich einsetzen für den Frieden...

Friede ist allweg in Gott!

(nach Klaus von Flüe)

192 Du bist da

Kathi Stimmer-Salzeder 1997

2. Was wir aneinander leiden,
   was uns stumm und hilflos macht,
   das suchst Du in Deiner Liebe
   auch noch in der tiefsten Nacht.
   Du bist da...

3. Alles, was wir in uns spüren,
   namenlos oft, doch so dicht,
   das führst Du in Deiner Liebe
   aus dem Dunkel hin zum Licht.
   Du bist da...

Vor- und Zwischenspiel *(Gitarre)*

auf CD/MC "WIR MIT DIR" KS2

193 Zur Mitte kommen

Kathi Stimmer-Salzeder 1993

auf CD/MC "Jede Zeit hat ihre Lieder" RG8
Chorsatz und Instrumentalstimmen im Notenheft "Jede Zeit hat ihre Lieder"

Das ist mein Buch, darin ich lern'
und suche die Kunst dieser Lehre.

Bruder Klaus von Flüe

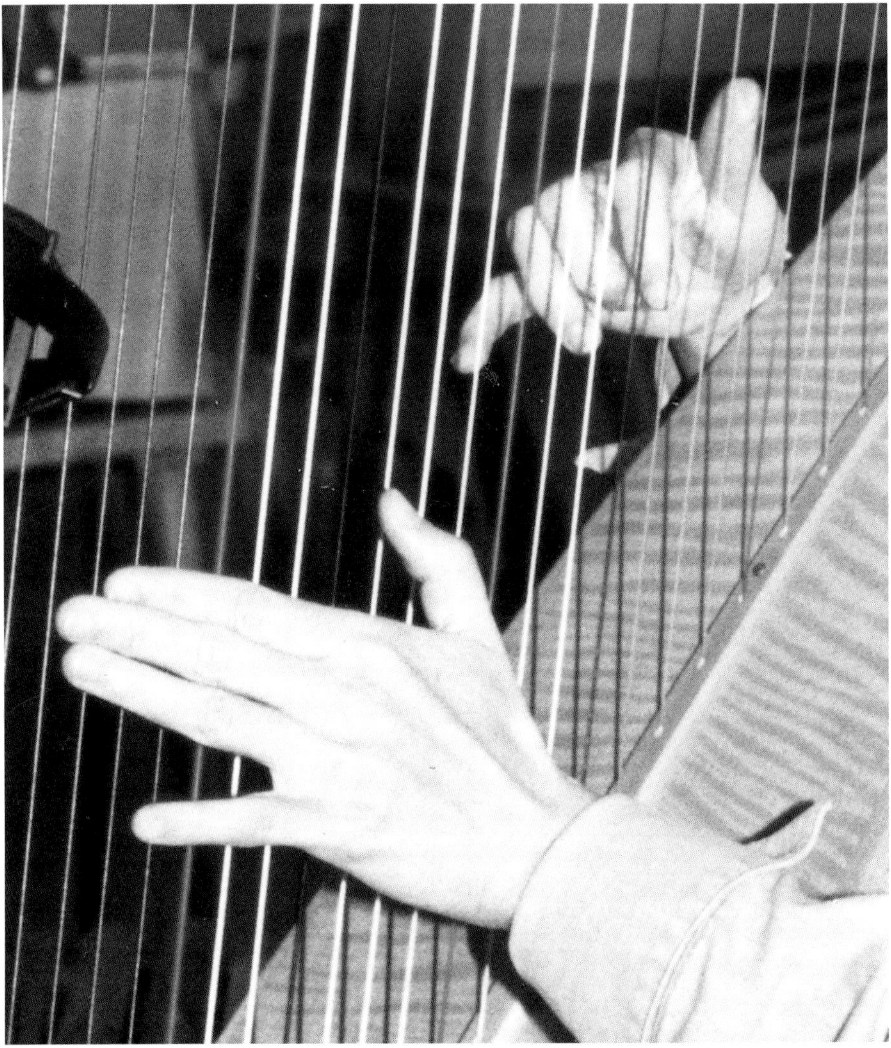

Wie ein Lied

Instrumentalmusik

für zwei Melodieinstrumente

194 KLEINE FANFARE

Kathi Stimmer-Salzeder 1998

195 FREUDENTAG

Kathi Stimmer-Salzeder 1998

g
C4 C
F
d
C
g
C4
C
B
B4♯ A4 A
d
folgt Teil A
g
e
A4
A
g7
Da capo
C
C
B
F
A
g
g7
C4 C
folgen Teile A B A

196 VERGISS NICHT

Kathi Stimmer-Salzeder 1999

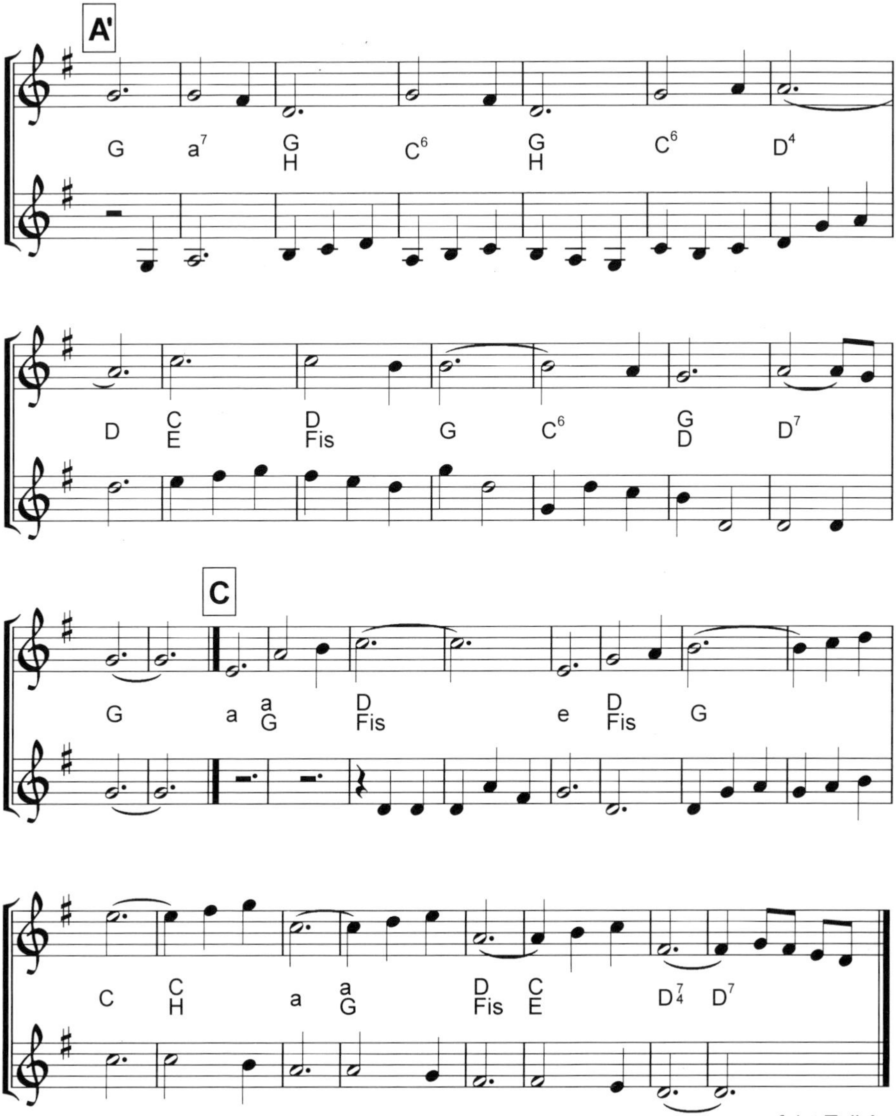
A'
G a7 G H C6 G H C6 D4
D C E D Fis G C6 G D D7
C
G a a G D Fis e D Fis G
C C H a a G D Fis C E D7 4 D7

folgt Teil A

197 LAUDATE

Kathi Stimmer-Salzeder 1998

folgen Teile A und B

198 ASSISI

Kathi Stimmer-Salzeder 1997

g d A d
folgt Teil A, dann C
C
d F G e
(bei Wdhg.)
F d e A d F
G e F d E A
folgt Teil A

Stichwortverzeichnis

Musikkassetten- und CD-Verzeichnis

AUFNAHMEN MIT DER **ASCHAUER RHYTHMUSGRUPPE**

MC **DU BIST DIE HOFFNUNG** **RG1**

- Als die Zeit gekommen war
- Frieden schenke Du
- Du bist der Heilige
- Du sagst: Ich glaube
- Gib uns Leben aus dem Geist
- Darum die Erlösten
- Wozu leben - wozu
- Wir sind die Diener der Armen
- Wir sind Schwestern
- Herr, bleib' bei uns

MC **ZEIG UNS DEN WEG** **RG2**

- Im Anfang war das Wort
- Was ist der Mensch
- Macht euch die Erde untertan
- Schenk' mir Deine Stille, Herr
- Herr, was soll ich tun
- Judit
- Zu Dir heb ich meine Augen
- Du hast uns erlöst überreich
- Ich bin der Weinstock
- Gott gab uns Augen zu sehen

MC **UNTERWEGS** **RG3**

- Immer unterwegs sein
- Pack doch deine Möglichkeiten
- Sei eine Blume, sei ein Lied
- Ich rufe dich bei deinem Namen
- Kinder-Lied
- Die Sonne glüht immer
- Lenk' unsre Sorge auf den richtigen Weg
- Herr, schenke uns Dein Licht
- Sucht den Herrn
- Hilf uns glauben wie Abraham
- Schenk' uns Gedanken der Stille
- Du nimmst meine Last von mir
- Denn wo zwei oder drei

MC **MITEINANDER** **RG4**

- Miteinander gehn
- Blick aus dem Fenster
- Warum fühlen wir nichts mehr
- Wo das Reden Mut verlangt
- Laß Dich erfahren, Gott
- Herr, ich will nach Deinem Willen fragen
- Schau mich an mit den Augen deines Herzens
- Zeit zum Aufstehn
- Kopf frei für Gott
- In den wachen Stunden der Nacht
- Dieses Leben haben
- Des Jahres Zeit (Frühling ist's)
- Warum nicht miteinander?

MC/CD **ACHTUNG LEBEN** **RG5**

- Komm herein
- Du bist du
- Du gibst mit dies' Leben
- Wir bauen einen Turm
- Hausfrau's Müll-Lied
- Beispiele
- Seht den Menschen
- Ich glaube, es ist an der Zeit
- Wenn wir das Leben achten
- Nur Herz, Mund und Hände
- Wie lang ist es her
- Halte stand und halte aus
- Ich will Dir danken, Gott

MC/CD **ZWISCHENTÖNE** **RG6**

- Mit Worten kann man spielen
- Zwischentöne
- Regentag
- Es zieht mich zum Menschen
- Ich bin so müde in der Welt
- Warten auf Antwort
- Lust auf Leben
- Wie dich das Leben trägt
- So mittendrin im Tag
- Der Du die Liebe bist
- Im Dunkel deiner selbst
- Auferstehn
- Halleluja-Kanon
- Fang mich auf
- Abendlied

Die einstimmigen Fassungen der Lieder auf den Tonträgern RG 1 - RG 7 finden sich im Liederbuch „Lied der Hoffnung"3.

MC/CD	**GEHN ODER STEHN**	**RG7**

- Gedanken
- Gehn oder stehn
- Das Saatkorn sieht die Ähre nicht
- Selig die Menschen
- Es hat geheißen
- Was du nicht willst
- Laßt meine Trauer mit mir gehn
- Wer im Schutz des Höchsten wohnt
- Daß die Sonne jeden Tag
- Sei Du bei mir
- Wir sind viele
- Staunen

MC/CD	**JEDE ZEIT HAT IHRE LIEDER**	**RG8**

- Jede Zeit hat ihre Lieder
- Erzähle du mit, Samenkorn
- Ganz klein werden
- Aus der Wurzel
- Mitten im Leben
- Keine Brücke
- Bist Du nicht überall
- Richte uns auf
- Geh mit uns
- Laß unser Lied
- Komm, sei unser Gast
- Die Tür zum Leben
- Vom Atem lernen
- Die Seele lebt
- Zur Mitte kommen
- Eins zu sein
- Steh dazu

Die Partituren dieser Lieder sind im Notenheft „Jede Zeit hat ihre Lieder“RG8/NH erhältlich.

MC/CD	**SCHATZSUCHER**	**RG9**

- Zeig uns, wie Leben in Erfüllung geht
- Man sagt - Dieses bunte Leben
- Er kommt
- Mensch, ich seh nichts
- Steig auf den Baum
- Zachäus, ich rufe dich
- Komm, heut' kehr ich ein bei dir
- Manchmal braucht es keine Worte
- Doch jetzt
- Zwischendrin
- Schatzsucher will ich sein
- Bleibe bei uns
- Es gehört dir nichts
- Alle Worte schon gesagt
- Ich will zu ihm gehn
- Schau mich an
- Weg mit dir!
- Wer da ohne Schuld ist
- Wie das ist
- Du wirst den Tod in uns wandeln

Die Partituren dieser Lieder sind im Notenheft „Schatzsucher“ RG9/NH erhältlich.

AUFNAHMEN MIT DEM **ASCHAUER STIMM-KREIS**

MC/CD	**VON INNEN RAUS**	**KS1**

- Ich fang neu an jeden Tag
- Dieser Tag soll fröhlich sein
- Woraus sind wir Menschen gemacht?
- Kleiner Seelenvogel flieg'
- Kratz an deiner Schale
- Hast du heut schon gelacht?
- Deine Hand und meine Hand
- Warm ist mein Licht
- Wie ein guter Hirte
- Du bist im Lachen
- Oft bin ich wie ein Igel

MC/CD	**WIR MIT DIR**	**KS2**

- Dieser Tag ist neu
- Ein Stück von Deinem Weg mit uns
- Frieden wünsch' ich dir
- Die Freude sucht sich ihren Weg
- Manchmal fang ich mit dir ein Stück Leben ein
- Sagen, was wir denken
- Look, I open my hands
- Einer, der sagt
- Gott, Du
- Du bist da
- Wörtlich
- Nah am Nächsten
- Nimm Du meinen leisen Ton
- Wir mit Dir
- Unsres Herzens Stimme
- Stell ein Licht an unsern Weg
- Den Tag leg ich in Deine Hand

Die Partituren dieser Lieder sind im Notenheft „WIR MIT DIR“ KS2/NH erhältlich.

Bestelladresse: MUSIK UND WORT, Kathi Salzeder
Lärchenstr. 22, 84544 Aschau a. Inn

Weitere Materialien,
bei MUSIK UND WORT erschienen:

Instrumentalmusik auf Tonträgern

MC/CD **„WASSER“** **IM1**

16 Instrumentalstücke von Kathi Stimmer-Salzeder, Stefan Starzer, Bernd Bundschu und Theresia Stimmer-Hartinger

MC/CD **„ERDE“** **IM2**

16 Instrumentalstücke von Kathi Stimmer-Salzeder und Stefan Starzer

Notenausgaben

Liederbuch **„Lied der Hoffnung“ 3** Gesamtband 1992 **LB92**

Notenheft **„Jede Zeit hat ihre Lieder“** **RG8/NH**

Notenheft **„Schatzsucher“** **RG9/NH**

Notenheft **„WIR MIT DIR“** **KS2/NH**

Notenheft **Instrumentalmusik „WASSER“** **IM1/NH**

Notenheft **Instrumentalmusik „ERDE“** **IM2/NH**

Partiturheft **„Aschauer Kindermesse“** **KM/PH**

Frauenchormappe **FCH/M1**
6 Lieder zum Gottesdienst in dreistimmigen Frauenchorsätzen
von Gabi Loidl und Kathi Stimmer-Salzeder

Viele weitere Lieder sind in Chor-und Instrumentalsätzen erschienen. Materialliste anfordern!

Dieses Liederbuch
„ZUR MITTE KOMMEN"
wird herausgegeben vom
Don Bosco Verlag
München.
Bestellungen an:
Don Bosco Verlag
Sieboldstr. 11
81669 München

Alle anderen,
in diesem Buch angegebenen Medien -
Musikkassetten, CD's,
sowie Chor- und Instrumentalpartituren -
sind erhältlich bei:
MUSIK UND WORT
Lärchenstr. 22
84544 Aschau a. Inn

Inhaltsverzeichnis